京都鉄道博物館

汽笛一声

kyoto railway museum
KITEKI ISSEI

はじめに

京都鉄道博物館は、2016(平成28)年4月にオープンいたしました。その4月から2017(平成29)年9月まで、京都新聞朝刊に、博物館の展示の紹介や展示品にまつわるエピソードなどを綴った「京都鉄道博物館　汽笛一声」が69回にわたり連載されました。本書は、その連載を加筆・修正したものに、連載では紹介できなかったものなどを加え、刊行されたものです。

連載の執筆は、当館に勤務する公益財団法人交通文化振興財団の学芸員、司書などのスタッフが交代で担当しました。スタッフには、大阪の弁天町にありました交通科学博物館や、今は当館の一部となっている梅小路蒸気機関車館に勤務した経験のある者もいますが、当館の開業準備段階以降に採用した者も多くおります。スタッフのうちで、財団に就職する以前から鉄道に関心があった者は殆どいませんでした。些か手前味噌にはなりますが、当館の開業準備、そしてオープン以降の目の回るような忙しさの中で、その合間を縫って、多くの資料に目を通し事実を正確に記すとともに、読者を魅了する文章を書き上げたスタッフに対し敬意を表したいと思います。資料の調査・研究は、資料の収集、資料の整理・保管、展示・教育普及と併せて、博物館の4大機能と言われています。その調査・研究の成果を公表できたことを嬉しく思います。また、そのような場を提供いただいた京都新聞社に深い感謝の意を表します。

当館の展示には、それぞれ解説パネルを設置していますが、常設展示だけでも約400点の解説パネルがあり、ひとつひとつに多くの字数を費やして詳細な解説を記すことは、スペースの面でも、また、館内でのお客様の読む労力という面でも、適切ではありません。また、当館はあらゆる年代の方を対象としていることから、解説は、小学校高学年の方なら理解できる表現としており、専門的な記述は避けるようにしています。そこで、展示についてさらに深く知りたいという方のために、学芸員の解説、ガイドツアー、展示品解説セミナー、ガイドブックの販売、資料室での閲覧などを実施していますが、本書は、お客様の知的好奇心をさらに刺激するものになると考えています。本書を読み、当館にご来館いただければ、新たな発見が生まれると確信いたします。

（公財）交通文化振興財団
専務理事
京都鉄道博物館　館長
三浦　英之

京都鉄道博物館

本館

京都鉄道博物館

国内最大級の鉄道博物館として2016（平成29）年4月29日、京都鉄道博物館がグランドオープンした。ここは鉄道ファンにとって垂涎《すいぜん》の地。館内は、「見る、さわる、体験する」を重視した展示が魅力で、鉄道ファンならずとも、子どもから大人まで、誰もが楽しめる博物館として人気が高い。

館内には、1903（明治36）年、製造の国産初・量産型で重要文化財の蒸気機関車230形《がた》233号機をはじめ、初代新幹線電車（0系）21・16・35・22形1号車など、旧交通科学博物館や梅小路蒸気機関車館で収蔵・展示していた貴重なもの。両館から引き継がれた車両を含め合計53両の実物車両や、貴重な鉄道遺産を含め、2017年度末で72,878点にものぼる鉄道資料を収蔵し、一部を展示している。また、本館1階車両工場の引込線は、JR西日本の営業線とつながれており、実際に営業線で活躍する車両を入れて展示できることも魅力だ。

往年の扇形《せんけい》車庫の原型を今にとどめるエリアは見逃せない。1914（大正3）年、造られた現存最古の鉄筋コンクリート造扇形車庫で、電動天井走行クレーンや引込線などを含めて重要文化財に指定。扇形車庫は扇を広げた形で蒸気機関車を収容。扇の要部分には蒸気機関車が回転しながら向きを変える転車台がある。

　ここには53両のうち、激動の明治・大正・昭和時代に鉄路を走った蒸気機関車20両が保存・展示されている。梅小路運転区は蒸気機関車の秀れた整備技術を今も維持しており、多くの整備士によって実際に走行できる動態保存を8両も実現した全国唯一の運転区であるのは、1880（明治13）年生まれの7100形7105号機「義経」が動態保存されていることで証明できる。うち2両は営業線で運転ができるC57形1号機。近年、仲間入りをしたD51形200号機。この2両はSL北びわこ号やSLやまぐち号として活躍している。ここには、かつて営業線を走行していた、懐かしの蒸気機関車が牽引する客車に乗車できる「SLスチーム号」体験乗車を行っている。日本を代表する大型の旅客用蒸気機関車C62形2号機や、1914（大正3）年、製造の8620形8630号機など4両が交代で往復1kmを運行している。だれもがおもわず振り返り、心の奥底まで震わすほどの汽笛。吹き上げる煙、吐き出す蒸気に感動するだろう。その蒸気機関車たちは往年の姿を見せ〝生きているんだぞ〟と乗客たちに力強く語りかけるかのようだ。初めて蒸気機関車を見た日の驚き、乗車した日の喜び、そんな思いがきっと甦る。

　このほか、運転士の仕事や、線路のメカニズム、駅の役割や機能、1964（昭和39）年、世界初の高速鉄道車両である0系新幹線電車を誕生させた技術など、産業としての鉄道から歴史・文化としての鉄道まで、多岐にわたって鉄道を「知る」ことができる博物館である。

C 57形88号機の動輪

旧二条駅舎（京都市指定有形文化財）

機関士席は右側（運転室、通常非公開）

日本で最初の鉄道駅であった旧新橋駅で出土した石組み

イギリス製の急勾配用蒸気機関車1800形1801号機（鉄道記念物）と双頭レール

噴水小僧
（準鉄道記念物、通常非公開）

大阪駅時鐘（鉄道記念物）

リベットで鉄を接合した、旧余部橋梁橋脚の一部
（登録鉄道文化財）

通票閉塞器や時計などが展示されている旧二条駅舎

国産初の量産型蒸気機関車230形233号機（重要文化財、鉄道記念物）、1903（明治36）年製造

「TYPE」記載のナンバープレートは希少

汽車製造合資会社の銘板

切り離された貨車を減速させるカーリターダー

1917（大正6）年製造、木造の大型貨車ワム3500形7055号車

転車台と放射線状に延びる引込線（重要文化財）

扇形車庫の作業場にある電動天井走行クレーン
（重要文化財）

鉄筋コンクリート造の扇形車庫内部（重要文化財）

扇形車庫３番線を出て転車台に入るＤ51
形200号機（準鉄道記念物）

扇形車庫２番線を出て転車台へ向かうＢ20形10号機
（準鉄道記念物）

運転室には様々な機器が並ぶ（通常非公開）

日本初の特急型ディーゼルカー　キハ81形3号車
（準鉄道記念物）

洗面室には冷却飲料水機が設置されている
（通常非公開）

リクライニング不可の座席。テーブルの間には灰皿がある
（通常非公開）

1等用の洗面室には椅子・洋式トイレも設置されている
（通常非公開）

皇族、貴賓専用寝台車マロネフ59形1号車の1等寝台
（通常非公開）

食堂車、スシ28形301号車（通常非公開）

プルマン式の2等寝台
（通常非公開）

量産型の国産電気機関車の礎となったＥＦ52形電気機関車１号機（鉄道記念物）

「ゴハチ」の愛称で親しまれたＥＦ58形電気機関車の150号機（通常非公開）

通路から日除け、席に至るまで木材が多く使用され、窓際には灰皿が設置されている（通常非公開）

日本初の長大編成電車として登場した80系電車の運転室（準鉄道記念物　通常非公開）

普通車はリクライニング不可
0系新幹線電車21形１号車（鉄道記念物、通常非公開）

初代新幹線電車のグリーン車はリクライニング可能
0系新幹線電車16形１号車（鉄道記念物、通常非公開）

100系新幹線電車122形5003号の運転室（通常非公開）

ビュフェには大型の電子レンジが設置されている（鉄道記念物、通常非公開）

鉄道　歴史

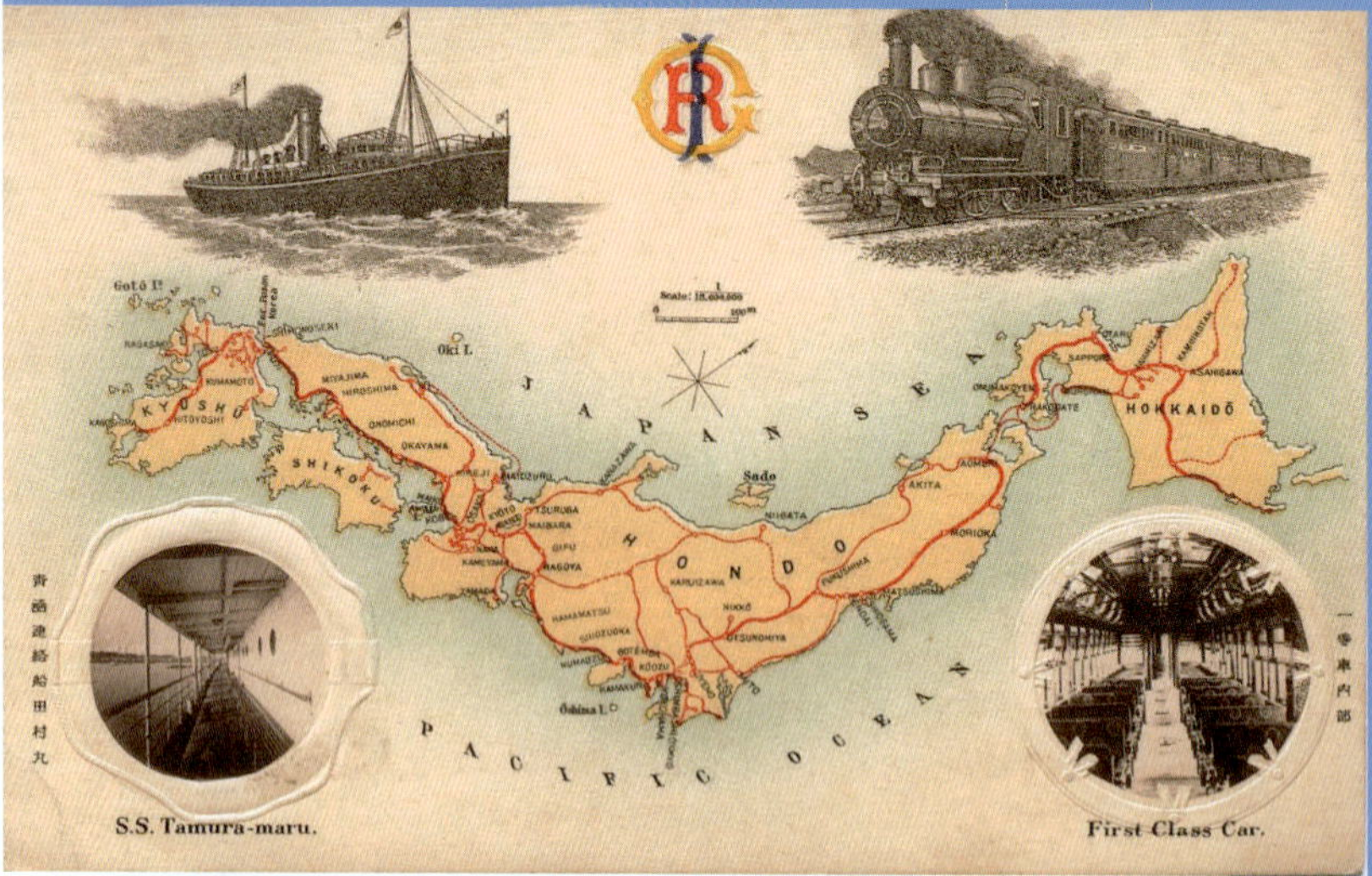

1909（明治42）年ごろに発行された鉄道院路線図の絵はがき。中央上のマークは帝国鉄道庁・鉄道院の英略語「IGR」をデザイン化したもの

官設鉄道・国鉄・JR

社会の近代化と発展を牽引《けんいん》

鉄道は、鉄の軌条《きじょう》（レール）などによって決められた路線を車両が走行し、旅客や貨物を輸送する陸上交通機関である。19世紀初頭に英国で蒸気機関車が発明されて以降、人と人、地域と地域を結び、社会の近代化と発展を牽引してきた。

　日本の鉄道建設は、民部《みんぶ》兼大蔵《おおくらの》大輔《たいふ》の大隈重信、大蔵少輔《しょうふ》の伊藤博文らの奔走により、1869（明治2）年11月に決定。1870（明治3）年3月、民部大蔵省内に鉄道掛《がかり》が創設された。同掛はその後、分離した民部省の管轄となり、工部省の新設とともに同省に移管される。

　1871（明治4）年には鉄道寮と改称され、英国で鉄道技術などを学んだ井上勝が鉄道頭《てつどうのかみ》に就任。1872（明治5）年に新橋―横浜間で国内初の鉄道が開業して以降も、二十数年にわたって官設の鉄道建設を推進し、その発展に尽力した。

　1885（明治18）年、工部省の廃止により、同寮は総理大臣直轄の鉄道局となった。1890（明治23）年には鉄道局から鉄道庁に改称されたが、1893（明治26）年に再び鉄道局に戻されている。

　1897（明治30）年、官設の鉄道建設と保守、営業などを担当する鉄道作業局が新たにでき、鉄道局の担当は私鉄の免許・監督事務などとなった。さらに、各地の私鉄国有化による業務規模の拡大に対応するため、1908（明治41）年、鉄道作業局は、帝国鉄道庁に改編された。

　しかし、翌年には業務量の増加に伴い、鉄道局との統合で鉄道院が発足。1920（大正9）年には、輸送量の激増に対応するため鉄道省に昇格した。

　1943（昭和18）年、戦時の運輸強化策として、鉄道省や各省庁所管の運輸・通信・気象部門などが統合され運輸通信省となり、鉄道は同省の鉄道総局が担当した。1945（昭和20）年5月に運輸部門は運輸省として分離され、同局も移管となる。

　終戦後は、「国営の鉄道を公共企業体に」との連合軍の勧告で、1949（昭和24）年に日本国有鉄道が発足。初代総裁候補には私鉄の社長なども挙がったが、最終的に運輸次官の下山定則が就任した。

　国鉄は1964（昭和39）年以降、赤字で債務が累積。1980年代に入ると、その巨額債務の解消や、地域密着の経営などの議論が進められた。そして、1987（昭和62）年に分割民営化されJR各社へと移行し、現在に至っている。

　当館では鉄道に関するさまざまな資料を収蔵、展示している。これらを通して、鉄道の過去から現在までの歴史や技術に触れてみていただきたい。

（廣江正幸）

鉄道省（上）、運輸省（中）、日本国有鉄道（下）の各車両銘板

国鉄の分割民営化前後に製作された「さようならヘッドマーク」と「旅立ちヘッドマーク」

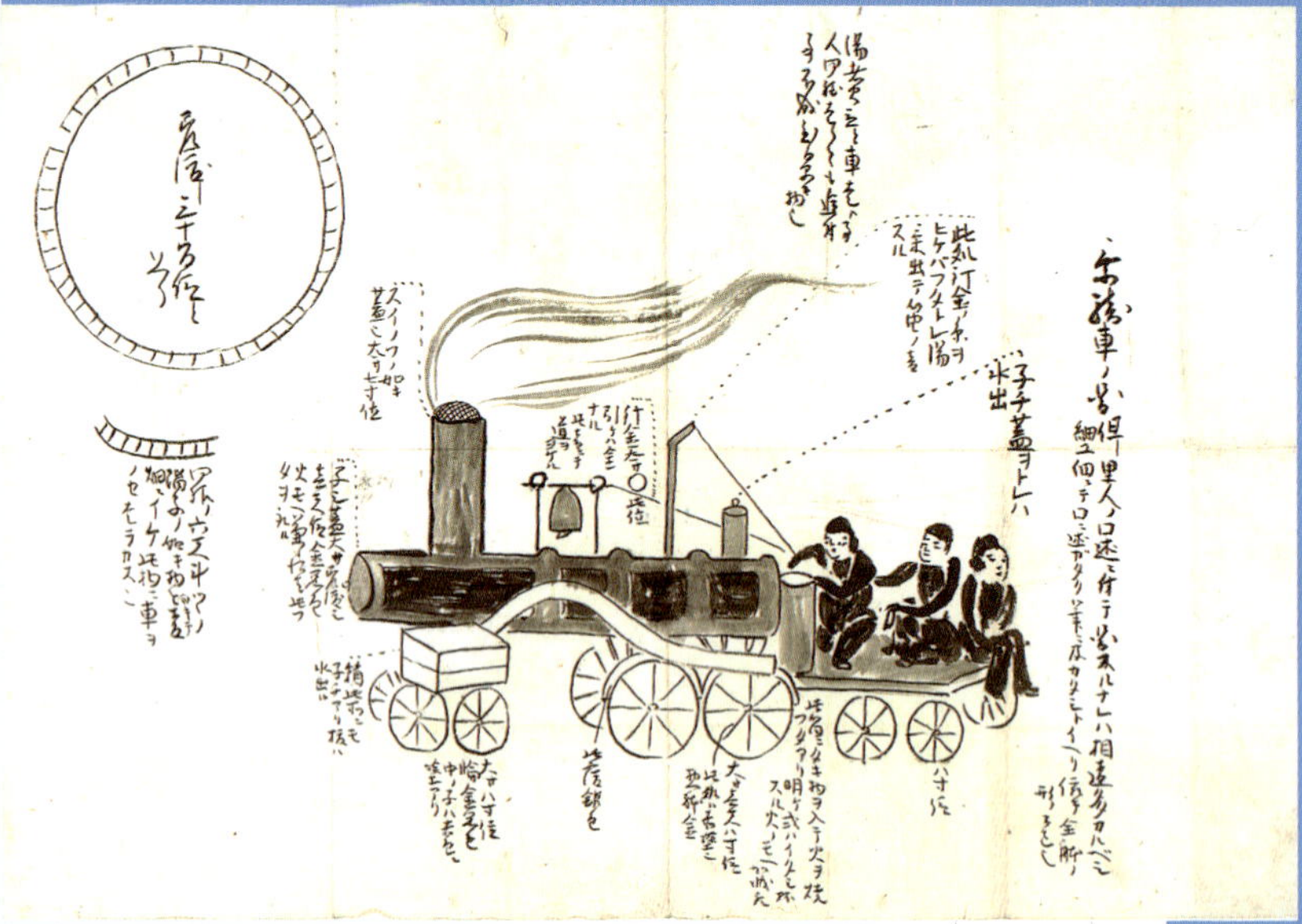

想像で描かれた機関車（明治初期、作者不明）

鉄道の伝来

未知の交通、興味駆り立て

世界初の蒸気機関車はイギリスで登場した。そして本格的な鉄道が誕生したのは、同国で産業革命が最終局面を迎えた1820年代後半だった。

蒸気機関車はそれまでの、馬が軌道上の貨車を引く「馬車鉄道」の性能をはるかに超えるものだった。以後、30〜40年代に欧米を中心に普及し、50年代には世界各地へと広がり、やがて日本にも伝来した。

幕末、海で遭難して外国に漂着し、その後日本に帰国した者の中には、自身の見聞きした外国の実情を伝え、鉄道についても紹介した人物がいる。漂流という偶然の出来事によってアメリカに渡ったジョン万次郎（中浜万次郎）と浜田彦蔵だ。

ジョン万次郎は土佐の漁師で、1841（天保12）年に太平洋で漂流し、アメリカ船に救助されて渡米した。滞在生活の中でさまざまな体験をし、日本人で初めて鉄道にも乗ったとされる。帰国した後、大西洋沿岸部にいた頃の話として、鉄道に関する報告も行っている。

また、1850（嘉永3）年に遠州灘で遭難し、太平洋でアメリカ船に救助された浜田彦蔵も、帰国後に著した『漂流記』で鉄道に触れている。

一方、外国人が書いた報告書でも鉄道が取り上げられている。

1840（天保11）年に清とイギリスの間でアヘン戦争が起きた際、幕府はその内情を把握するべく、長崎に赴任するオランダ商館長に対し、通常の『阿蘭陀風説書』に加えて、バタヴィア（現在のジャカルタ）のオランダ領東インド政庁が作成した、世界情勢を伝える『別段風説書』の提出を求めた。その後、この別段風説書にはさまざまな出来事が詳細に記されるようになり、鉄道についての事柄も含まれるようになった。

この他にも、鉄道に関する書物は相次いで登場した。特筆されるものとしては、一万円札でおなじみの福沢諭吉の著書『西洋事情』（1866〜70年刊行）が挙げられる。

福沢諭吉は1862（文久2）年、遣欧使節団に通訳係として参加し、この使節随行で得た知識を基に、西洋諸国の政治、風俗、経済などを同書で紹介した。西欧の鉄道会社は造船や海運、銀行と同様に、株式会社の形態を取っているといった内容を述べている。当時15万部、海賊版を加えると30万部を超えるベストセラーとなった。

当館では、福沢諭吉の『西洋事情』全巻を、本館1階・鉄道のあゆみコーナーで展示している。幕末から明治初期にかけて未知の交通機関だった、鉄道に関する知識を日本に広めた書物として貴重な資料である。

（久保都）

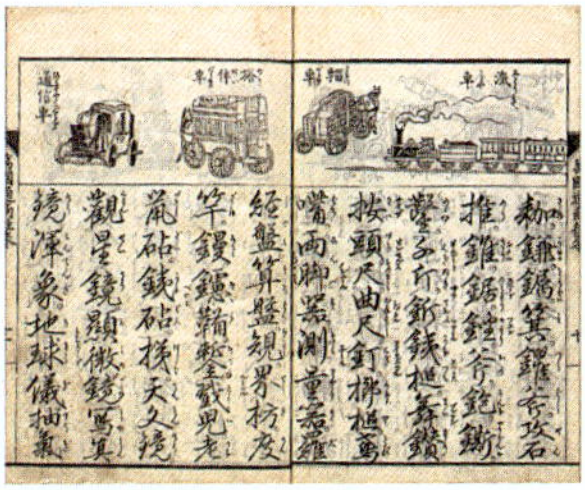

1873（明治6）年に刊行された外国の事物の解説書『万国通商往来』

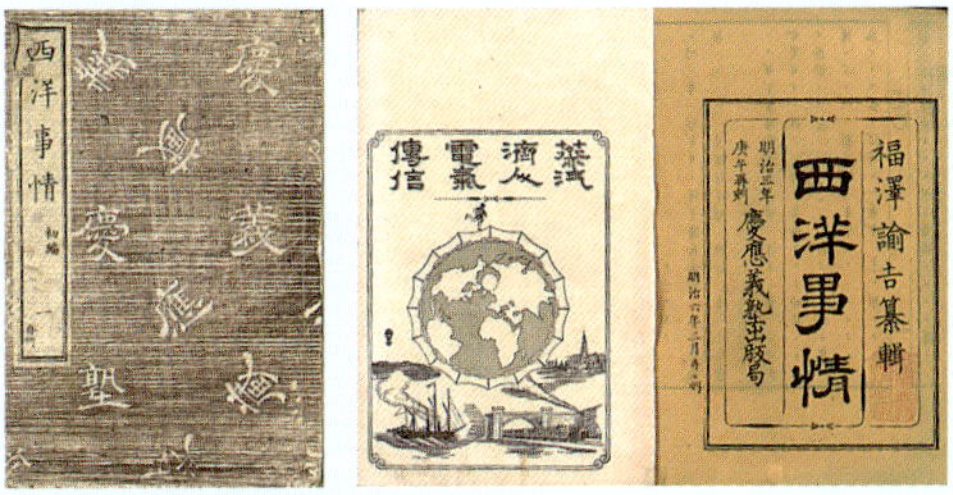

福沢諭吉が遣欧使節団に随行して得た知識を基に書いた『西洋事情』鉄道の役割にも触れている

谷陽卿《たにようけい》

明治初期に鉄道の必要性を説いた鉄道先覚者《せんかくしゃ》

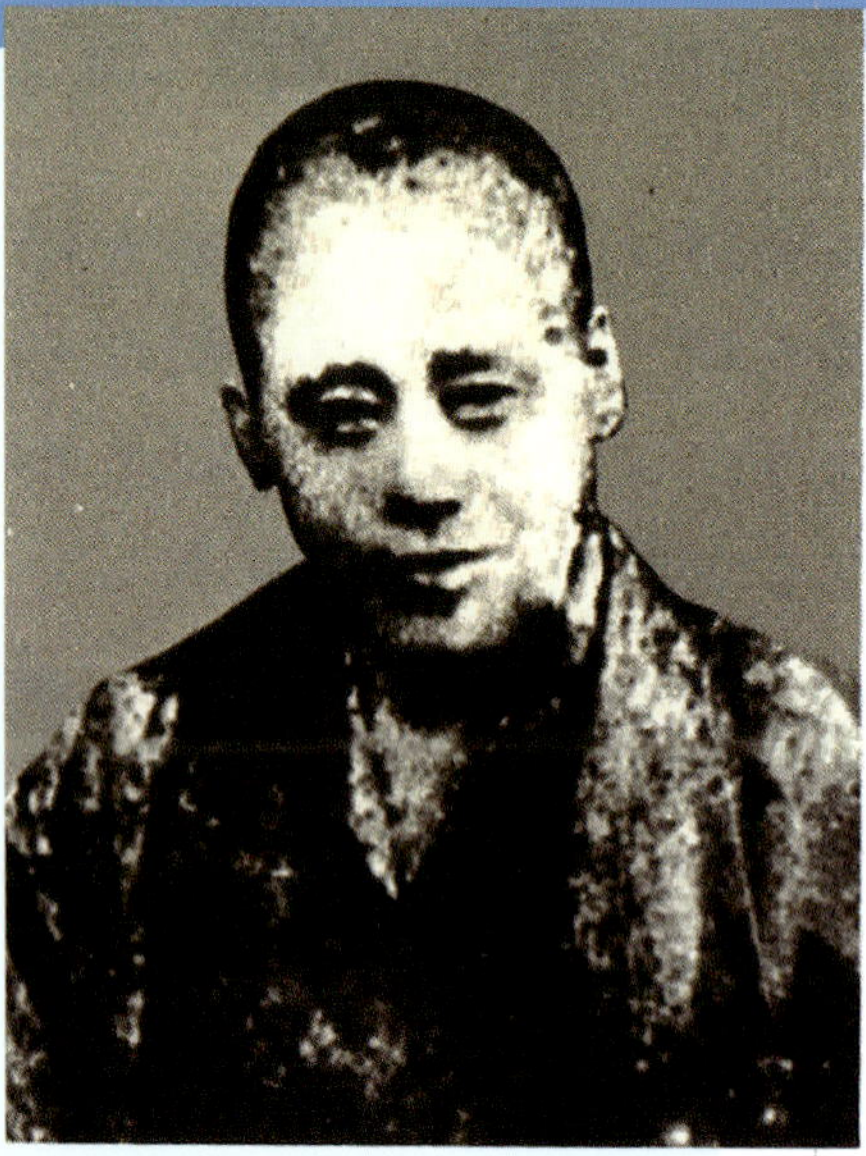

谷陽卿
陽卿の住居は東洞院四条上ル阪東屋町に所在した。没後に親族が語ったところによれば、武家が宅地の買収を申し入れたところ、陽卿はこれを頑なに拒み、抜刀して脅されても酒を飲んで平然としていたという。
『日本国有鉄道百年写真史』より

谷陽卿は1815（文化12）年、谷口藤兵衛恭重の二男として丹波国塩田谷《しおたや》村（現在の京都府京丹波町）の農家に生まれ、1836（天保7）年に22歳で京都へ出て医術を修め、医師として活動した人物である。父の末弟で、京都で産科医として成功していた谷口達生（道悦）を頼ったものと思われ、陽卿自身も後に産科医として独立し、九条家の典医（お抱えの医師）として召し抱えられたという。明治初期の資料によれば、陽卿は西洋医学も修めていたらしく、娘の赫也《かくや》とドイツ人医師ショイベの結婚を認めるなど、開明的な人物であったことが窺《うかが》える。なお、彼の本名は谷口脩吉《しゅうきち》であるが、姓を谷に改め、陽卿と号するようになったのは、九条家に出仕していた頃ではないかと推察されている。また、後に政府に提出した建白書《けんぱくしょ》では、「谷暘卿源応貞」と署名している。応貞の読みは不明であるが、応には「オウ・ヨウ」の他に、「かず・たか・のぶ・のり・まさ」などの読みがある。

　叔父と同様に医師として成功を収めていた暘卿は、五十歳を過ぎた頃から無人島であった小笠原諸島（現在の東京都小笠原村）の開拓事業に情熱を傾けるようになり、1870（明治3）年に上京して無人島開墾《かいこん》社の仮会議所を開設し、商人などから出資を募った。その額は十二万両余りに上り、会議所（会社）の建設、蒸気船・捕鯨《ほげい》船・器械類の購入、移住者の家屋建築などに充てられる予定であったらしい。さらに、同年には情勢調査のため、現地に二名の同志を派遣している。しかし、幾度かにわたって願い出た開拓の許可申請が、政府に認められることはなかった。当時は太平洋上に位置する同諸島がどの国に帰属するか曖昧《あいまい》であったため、政府内でも議論の末に見送られたものと考えられる。投資した財産と出資金を使い果たした暘卿は京都に帰り、1885（明治18）年に没した。晩年は経済的に困窮《こんきゅう》していたらしいと伝えられている。

　さて、暘卿は開拓事業の実現に向けて邁進《まいしん》する一方で、鉄道建設に関する提言も行っていた。1870（明治3）年に暘卿が提出した鉄道建設に関する建白書（提言書）『駆悪金以火輪車之議』、『火輪車建議之余論』では、火輪車（蒸気機関車）の利便性を説き、すでに鉄道の建設が決定していた東京～京阪神間に加え、東京と奥州福島（福島県）・信州上田（長野県）も鉄道で結び、生糸《きいと》・茶・蚕卵紙《さんらんし》（蚕《かいこ》の卵が生み付けられた種紙）などの産物を火輪車で輸送することを提唱している。この建白書は、鉄道建設に対して反対論が多かった当時、建設

谷暘卿の墓石
暘卿は1885（明治18）年に京都で没し、月真院（京都市東山区）の境内に埋葬された（境内は通常非公開）。
写真提供：瀬尾大蔵 氏

計画を推進していた大隈重信や伊藤博文を大いに励ましたとされている。1902（明治35）年に開催された帝国鉄道協会の集会において、大隈は「総て数百通の建白書は之に反対した、僅《わず》かに谷暘卿という医者があった、（中略）此鉄道の利益を説かれたのでは我々は一《ひとつ》の活路を得たので非常に喜んだ」、伊藤は「此《この》谷暘卿の建白書は私共当時見て感心したので、斯《かく》の如《ごと》き人間が日本に在るか共に語るに足る位に思った（中略）斯《こ》ふ云う建白書を出した者は日本国中一人あるのみで、跡は皆頑固なる反対論のみにして采《と》るに足るものなかりし」と演説した。両名がいかに励まされていたかが窺えよう。さらに、暘卿が起草した建白書は、後代の鉄道人をも励ました。国鉄総裁として東海道新幹線建設に邁進していた十河《そごう》信二も、暘卿の存在を知って勇気づけられた一人であった。十河は、国鉄本社に設けられていた資料整備懇談会に調査を依頼して『鉄道之先覚 谷暘卿』を刊行し、顕彰碑《けんしょうひ》も建立。暘卿の七十五回忌にも参列し、その菩提《ぼだい》を弔《とむら》っている。

（廣江正幸）

暘卿の七十五回忌に参列する十河総裁
『大鉄だより』第26号、1959（昭和34）年

鉄道設備　敷設

日本の鉄道草創期に使用された双頭レール（英国ダーリントン・アイアン社製）

輸入レールと国産レール

草創期支えた貴重な資料

鉄道になくてはならないものは何かと考えた時に、まず思い浮かべるのは車両で、次はレールだろうか。今回は鉄道にとって必要不可欠なレールに焦点を当ててみたい。

日本の鉄道の開業は、1872（明治5）年の新橋―横浜間である。ここで使用されたレールは、双頭《そうとう》レールであった。双頭レールとは、車輪と接する頭部（面）が上下に二つあるレールのことだ。

双頭レールの特長は、車両の通過でレールが摩耗した時に、上下をひっくり返して再度使える点にある。しかし、実際に使用してみると、設置や保守が容易ではなく、レールを取り付けている下側の頭部がすり減ってしまい、ひっくり返して使うことは少なかったといわれている。

そのため、新橋―横浜間の

ほか、1874（明治7）年に開業した大阪―神戸間、1880（明治13）年に開業した京都―大津間など一部の区間でしか使用されることはなかった。

当館の「鉄道のあゆみ」コーナーでは、双頭レールを枕木に載せた状態で展示していて、レール断面が上下対称であることが分かる。枕木とレールとの取り付けには、木片を挟んで使用しており、レールの設置が困難だったことがうかがえる。

このように、設置の難しさからわずかな区間しか使われなかった双頭レールだが、日本の鉄道草創期を支えた貴重なレールといえる。

展示している双頭レールは、イギリスのダーリントン・アイアン社製。うち1本の腹部に同社の刻印「DARLINGTON IRON」の文字を読み取ることができる。日本の鉄道草創期に使用されたレールは全て輸入に頼っていた。では、レールが国内で生産されるようになったのは、いつごろのことだろうか。

1894（明治27）～1895（明治28）年に勃発した日清戦争に日本は勝利し、清国から2億テール（両）という高額の賠償金を得た。その賠償金の一部で現在の北九州市の八幡に官営八幡製鉄所を建設し、ここで製造されたのが我が国で最初の本格的なレール生産で、1901（明治34）年のことだった。

当館では、1911（明治44）年に同製鉄所で生産されたレールも展示している。同製鉄所の草創期は、製造面においてトラブルが絶えず、品質も良くはなかったが、同年ごろから質量ともに生産が安定し始めた。このレールは、国産技術の向上を示す貴重な資料である。

また、当館「鉄道の施設」コーナーには、イギリス、アメリカ、フランス、ドイツ、ベルギーで生産されたレールも展示しているので是非ご覧いただきたい。　（藤本雅之）

阪和線紀伊中ノ島駅プラットホーム上屋（1902年製など八幡製鉄所の初期に生産されたレールが使用されている）

1911（明治44）年に八幡製鉄所で製造された平底レール

京都鉄道博物館内に敷設されている木製の枕木

枕木《まくらぎ》

乗り心地や騒音に対応

鉄道を利用する際に、いつも目にしているはずの枕木。しかし、ありふれた光景だけに、なかなか記憶にとどまらないのではないだろうか。

１８７２（明治５）年に新橋―横浜間で鉄道が開業した当時、枕木は木製が採用された。木材の国内調達が容易なことから、路線の延伸とともに広く使用されていった。

同時に、安全で効率的な使用方法や耐久性などの研究も始められていた。明治30年代から枕木の材種、仕様、寸法、配置数などが制定され、大正期には木の材質ごとに耐久年数の調査も実施された。昭和に入ると防腐処理の研究も盛んに行われ、耐久年数を延ばす努力が続けられた。

他方、現在はほとんど目にすることのない鉄製枕木は、１８７４（明治７）年の大阪

―神戸間の開業時に国内で初めて使用された。しかし、当時は鉄製枕木を輸入に頼らねばならず、京都まで延伸する際には使われなくなった。

その後、東海道本線の谷峨（神奈川県）―駿河（静岡県）間と足柄―御殿場（ともに静岡県）間で、昭和初期輸入の鉄製枕木計約2570本が使用されたが、1948（昭和23）年には全て撤去され、急勾配の信越本線に採用された特殊な軌道（アプト区間）に転用された。

木材資源の枯渇は昭和初期のころから問題となっていたが、それ以上に鋼材の入手が難しいこともあり、鉄製枕木は今では一部の特殊な用途にのみ使用されている。

現在よく目にするコンクリート枕木は、1918（大正7）年ごろから欧州を参考に研究が進められた。

当初は列車の走行に伴う衝撃から生じる亀裂や枕木の重量、レールとの固定方法、価格など課題が多かった。だが、戦時中や戦後の復興期に資材が不足する中でも、課題の克服に向け絶え間ない努力が続けられ、1950（昭和25）年から本線導入が決定した。

翌年にはコンクリート界の革命児ともいえる「プレストレストコンクリート（PC）」工法が枕木にも採用され、試作ではあったが東海道本線に導入された。以降、木製枕木とともに現在まで広く使用され続けている。

これらの他にも樹脂製の枕木や、重さの問題を解決するためにガラス繊維を配合した合成枕木など、時代や用途によってさまざまな種類が登場してきた。

鉄道の長い歴史の中で、列車の安全な運行だけでなく、乗り心地や騒音などに対応すべく、枕木の技術は発達し続けている。

（飯田一紅子）

同館で展示されている鉄製の枕木（中央から右の４本）や合成枕木（左奥の３本）

北海道の木材流送風景（戦前に発行された絵葉書）

木枕木《きまくらぎ》の用材

手間と時間を要した手仕事による枕木生産

1872（明治5）年に開業した新橋―横浜間において採用された枕木は、ヒノキやマツなどの木枕木であった。

一方、大阪―神戸間では、イギリスから輸入されたポット・スリーパー（鋳鉄《ちゅうてつ》製枕木）が採用されたが、木枕木よりも価格が高く、取り扱いも重量があるため不便であったという。このため、京都―大阪間では木枕木が使用され、以降も日本の鉄道では木枕木が採用されていく。

さて、日本の鉄道において枕木に適した樹種とされていたのは、ヒノキやヒバ、そしてクリなどである。クリは水に強く腐りにくい、虫も付きにくいといった特性がある。縄文時代中期にはすでに食糧・燃料・建築用材として栽培されていたことが確認されており、日本では生活に身近な樹木の一つであった。

　日本の鉄道網が拡大していき、それに伴って枕木の需要も増していくと、各地で枕木の製造が行なわれるようになり、枕木を専門に取り扱う枕木商も増加していった。中国山地と日本海を結ぶ江川《ごうがわ》の下流域、島根県桜江町の船頭衆の活動について記録した印南敏秀氏の『水の生活誌』に拠《よ》って中国地方の事例を挙げれば、山林の木を入札して購入し、伐採して製材所などへ販売する「山師《やまし》」のなかでも、枕木を専門に扱う者は「枕木師」と呼ばれ、特に広島県の山県《やまがた》郡や三次《みよし》郡周辺の資産家が多かった。枕木師となるためには官営鉄道の認可が必要で、年間に数万挺《ちょう》の枕木を納めることが可能な経済的信用が重視された。そして、認可を得た枕木師は、官有林・私有林で枕木に適したクリの木の多寡《たか》（多少）を入念に調査した上で入札を行った後、落札した山林でクリを伐採し、枕木に加工するまでに一年、柔らかい生木《なまき》を硬くし、なおかつ河川での流送時に沈まないよう乾燥させるのに一年、山中から曳《ひ》き出し、河川も利用した運搬に一年と、販売利益を得るまでには三年もの期間を要していた。

　ちなみに、官営鉄道が枕木を買い取る際は、係員の検査によって一等・二等に選別され、腐食などがあるものや、規格に満たない不合格品は「ハネ」（撥《は》ね）と呼ばれて購入対象とはならなかったが、これらはハネ専門の業者が九州の炭鉱などに売り捌《さば》いていたという。

　官営鉄道による枕木の調達は、1889（明治22）年から一般もしくは指名の競争入札で行われていたが、1909（明治42）年以降は供給の安定化を目的として、特定の枕木商との随意《ずいい》契約に移行した。また、明治後期に枕木用材として指定されていた樹種は、敷設《ふせつ》環境にもよるが8～12年程度は持つクリ、ヒノキ、ヒバなどの9種であった。

　しかし、昭和10年代には枕木の需要増と、クリなどの適

木材にクレオソート油を注入する装置の一部
枕木一挺につき防腐剤は2～3升が使用された。
松山亮蔵『生物界之智嚢　植物篇』（中興館書店、1916（大正5）年）より

木材を運ぶ定山渓森林鉄道（北海道札幌市、昭和40年代に廃止）の機関車

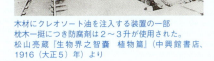

材木の不足によって、その対象は3～5年程度しか持たないカラマツやブナなどといった、耐久年数の短い樹種も含めた40種以上に拡大されていた。クレオソート油などの注入によって、防腐処理が施された枕木（無処理の「素材」に対して「施薬《せやく》材」・「防腐材」と呼ばれた）の生産が増加していったのもこの頃からである。なお、枕木材の主要産地であった北海道の場合は、シオジ、セン、カツラ、ナラなどが主流であったという。

（廣江正幸）

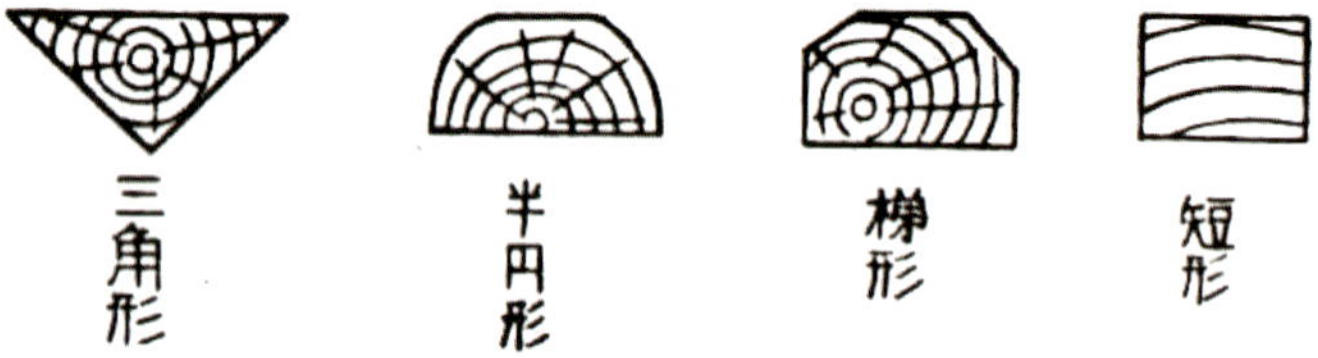

木枕木の断面
国立国会図書館蔵『濶葉樹《かつようじゅ》材の利用 第3輯《しゅう》（くり類篇）』(大日本山林会、1930（昭和5）年）より。イギリス、アメリカ、フランス、ドイツ、日本で一般的なのは矩形《くけい》で、梯形《ていけい》はオーストリア南部鉄道、ベルギーの国有鉄道、半円形はオーストリア、ハンガリー、ロシアの各国有鉄道などが矩形と併用し、三角形を使用する国は稀《まれ》だとある。

本館1階『鉄道の施設』で展示している木製（クリ材）、コンクリート製、合成樹脂を使用した合成枕木。当初の枕木は木製が主流であったが、時代が降ると木製以外の枕木も登場したため、現在では「マクラギ」と表記されることも多い。

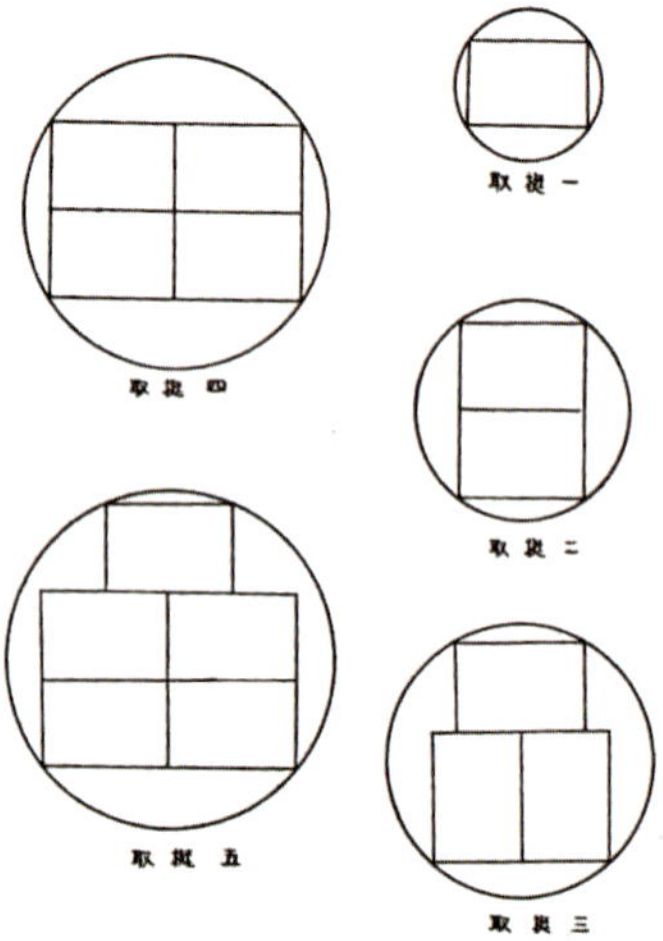

枕木用材の木取《きどり》（一挺取～五挺取）
出典同上。切り出し作業の従事者は、一本の木から無駄なく、そして一等に査定される用材が少しでも多く取れるように留意していたという。

コラム

鉄道会社

幻となった民間資金も利用した京都－大阪間の鉄道建設計画

1869（明治2）年、日本国内における鉄道の建設が政府内で議決され、その建設資金はイギリス領インド帝国のオリエンタル・バンク（英国東洋銀行）を通じて調達された。そして、この資金の多くは新橋―横浜間と大阪―神戸間の建設に費やされることとなり、京都府が切望していた大阪―京都間の建設計画は停滞していた。そこで、大阪―京都―敦賀間を鉄道で結び、商業の振興を図るという案を以前から政府に提言していた槇村正直（後の第2代京都府知事）は、明治4（1871）年3月、京都府内の豪商や沿線有力者から出資を募る案を工部省に上申し、政府はこれを認可して、4月に大阪―京都間での測量開始を通達した。

これを受けて、京都の豪商・三井八郎右衛門高福《たかよし》らが発起人となり、民間から建設資金を調達して政府の工事を支援する「鉄道会社」（後に関西鉄道会社と社名変更）が設立され、同社は70万円を調達目標として活動を開始した。しかし、測量完了後に政府が算出した見積額は倍額の140万円となり、当時の京阪地方は景気が悪化していたことも影響し、会社の存続自体が困難となってしまった。このため、政府は1873（明治6）年12月に会社の解散を命じ、鉄道建設は政府の資金で行われることとなった。当館では、本館一階「鉄道のあゆみ」において同社が発行した『鉄道会社規則書』を展示している。

（廣江正幸）

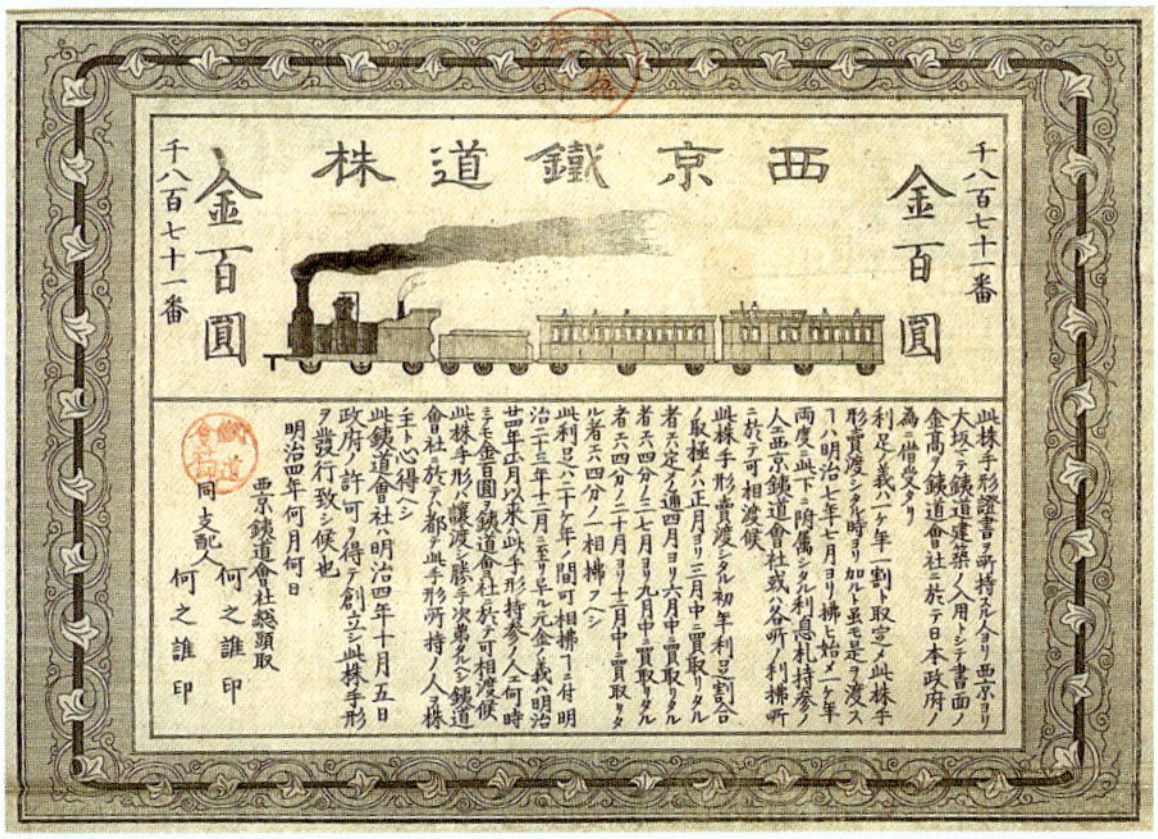

『鉄道会社規則書』所収「西京鉄道株券」の見本
三井八郎右衛門らが制作した19条の規則からなる冊子。1871（明治4）年11月に制作され、翌月から配布された。資金の募集方法や、出資者への配当などについての記載があり、この段階での社名は「西京鉄道会社」となっている。

京都鉄道博物館所蔵の犬釘

犬釘《いぬくぎ》

レール固定で鉄道支え

当館の本館1階「鉄道の施設」エリアには、南北方向に約70メートルの線路が敷いてある。ここでは鉄道を支える設備や仕事道具などを展示している。その中から今回は、木まくら木とレールを固定するため長らく使われてきた犬釘を取り上げる。

1872（明治5）年、日本の鉄道開業時に使用されたのは双頭レール。双頭の形は、磨耗した際に上下を反対にして再利用できるようにと考案された。

レールを固定するため、チェアと呼ばれる部品と木製のくさびで留め、チェアはスクリューまたはスパイキでまくら木に固定されていて、この時はまだ、犬釘は使用されていない。

1877（明治10）年の京都駅開業のころに、現在のような平底のレールが使用されるようになり、まくら木との固定に犬釘が使われるようになる。

まくら木1本当たり4本の犬釘が使われ、1マイルにつき2千本のまくら木が設置されたというから、京都―大阪間26・8マイル（約43・1キロ）に使用された犬釘はおよそ21万本を超える。

当時使用されていたのは4分の3インチ（約1・9センチ）角の犬釘で、1896（明治30）年に第2種レールが新たに制定されると、8分の5インチ（1・6センチ弱）角で長さ5と2分の1インチ（14センチ弱）の犬釘が使われるようになる。

その後、私鉄の国有化に合わせて第3種レールが制定され、1909（明治42）年の付属品統一で犬釘の標準寸法も制定されている。

ここで、当館で収蔵している犬釘を3点紹介しよう。それぞれの長さは、写真の左端が約15センチ、中央が約14センチ、右端が約17センチで、中央は第2種レールに使用されていたものとほぼ同じ長さである。

また左端と中央の犬釘は、頭部が犬の頭のような形をしている。右端は現在使用されている形状とほぼ同じで、頭部は亀の甲羅のような形になっているが、この形状になるまでさまざまな形が考案されていたそうである。当館では収蔵していないが、「猫くぎ」というのも研究されていたそうだ。

現在ではまくら木の種類も増え、レールとの固定方法もさまざまな金具などが使われている。これらは、まくら木やレールを損傷しないこと、修理点検の頻度や交換作業の効率性などにより仕様が決められている。

普段の生活では間近で観察することのない線路の構造、ひっそりと鉄道を支える部品にも、ぜひ注目していただきたい。

（藤平由夏）

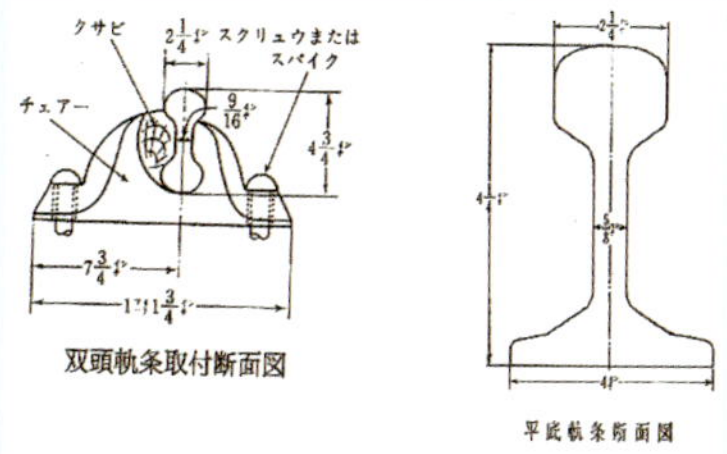

双頭レールと平底レールの断面図（『日本国有鉄道百年史』より）

「鉄道の施設」エリアに敷かれているレール

旧逢坂山《おうさかやま》トンネル

日本人技師だけで開通

工事中の逢坂山トンネル西口（日本国有鉄道編『日本国有鉄道百年写真史』より）

明治時代に鉄道が敷設され、人や物の移動が容易になり、人々の生活は大きく変化した。ここから日本は近代国家への道を大きく進んでいくことになる。

だが、その鉄道敷設には多くの困難を乗り越えてきた歴史がある。橋を架け、トンネルを掘り、線路が全国に延びていったが、その土木工事は当時の日本では一大事業だった。

1874（明治7）年に大阪―神戸間、1877（明治10）年に京都―大阪間が開業し、京阪神の都市を結ぶ鉄道が完成した。引き続き東への延伸工事が続けられ、1878（明治11）年に大津―京都間の工事が開始された。

この頃から鉄道は、技術面において転換期を迎える。外国人の助けを借りず日本人だ

館内で展示している「旧逢坂山隧道《ずいどう》石額」（1880年）

けの鉄道建設を目指す動きが始まったのである。

　イギリスで鉄道学を学び、日本の鉄道の最高責任者となった鉄道頭《てつどうのかみ》の井上勝（１８４３～１９１０年）は、外国人技術者の協力を得て、１８７７（明治10）年に大阪駅構内に「工技生養成所」を設立し、日本人の技術者教育を開始した。

　旧逢坂山トンネルを含む大津―京都間の工事は、日本人のみで工事をした最初の鉄道となった。１８７８（明治11）年８月に起工し、４工区に分割して、それぞれの工区を工技生養成所出身者に担当させた。

　国沢能長《よしなが》（１８４８～１９０８年）の担当により、10月に東口から掘削を始め、12月には西口からも掘削を開始した。工事は１８８０（明治13）年６月に完成し、大津―京都間は同年７月15日に開業した。

　東口坑門には三条実美の筆による「楽成頼功《らくせいらいこう》」の扁額《へんがく》が掲げられ、工事関係者の功績がたたえられた。また西口の坑門には、井上勝が工事の経緯を記した扁額も掲げられた。

　旧逢坂山トンネルは日本最初の鉄道山岳トンネルで、外国人技師に頼らず日本人だけで開通させたことに大きな意義がある。以後、全国へ鉄道網が広がっていくが、その技術者育成の成果がここから始まったのである。

　現在、旧逢坂山トンネルは

工事を実行した鉄道頭、井上勝
（鉄道省編『日本鉄道史』（1921年）より）

東口の坑門のみが現存し、坑口は1960（昭和35）年に国鉄の鉄道記念物となり、ほぼ建設時の姿を保ったまま保存されている。西口は1962（昭和37）年の名神高速道路建設に当たって埋められたが、坑門の扁額は取り外され、当館で展示・保存されている。

石額に込められた鉄道技術の国産化を成し遂げた鉄道技術者たちの苦労と誇りを感じていただきたい。

（岡本健一郎）

工技生養成所が置かれた初代大阪駅を描いた銅版画

工技生養成所1期修了生の一人、長谷川謹介が工事を指揮した敦賀線の柳ヶ瀬トンネル（1884（明治17）年完成）

アルバム

写真で見る初代京都駅

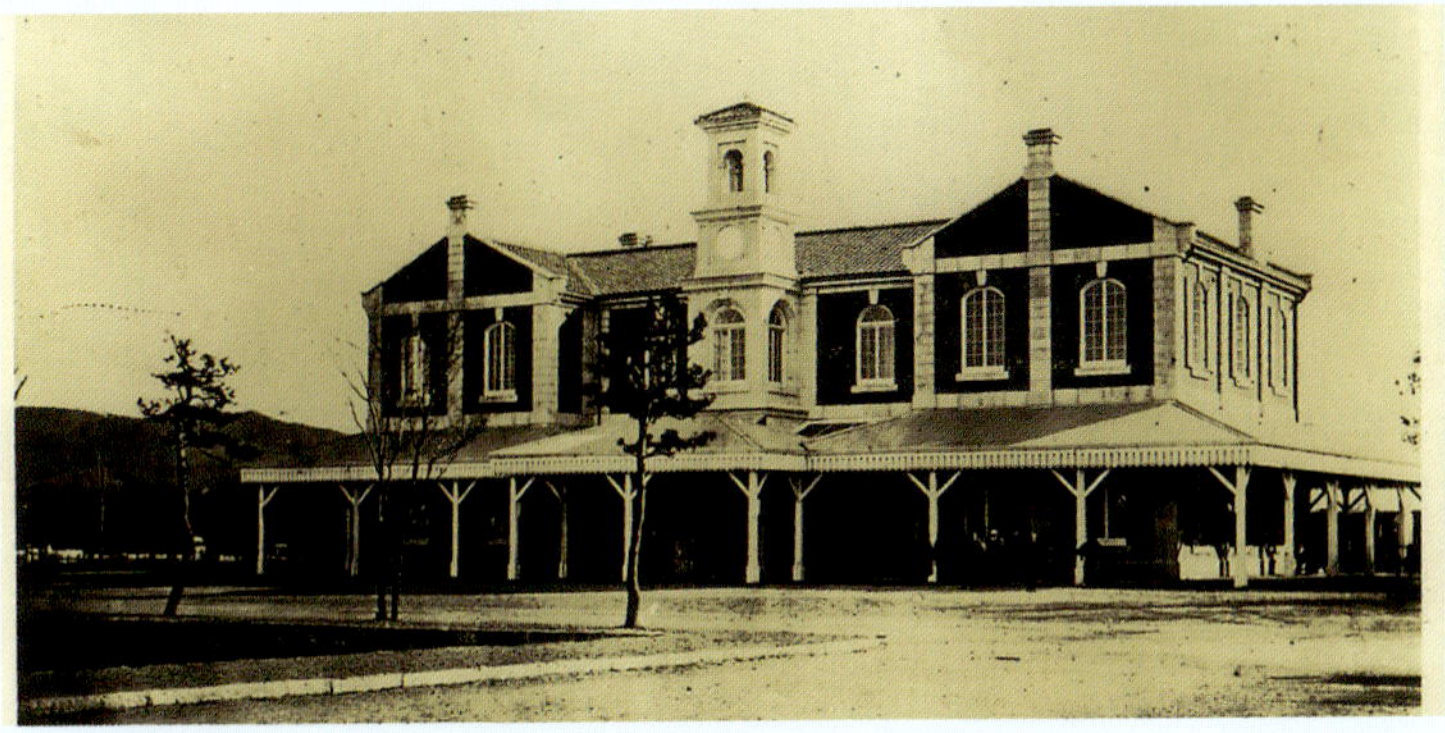

初代京都駅の正面

初代京都駅のホーム　明治10年代

初代京都駅の改札　大正初期

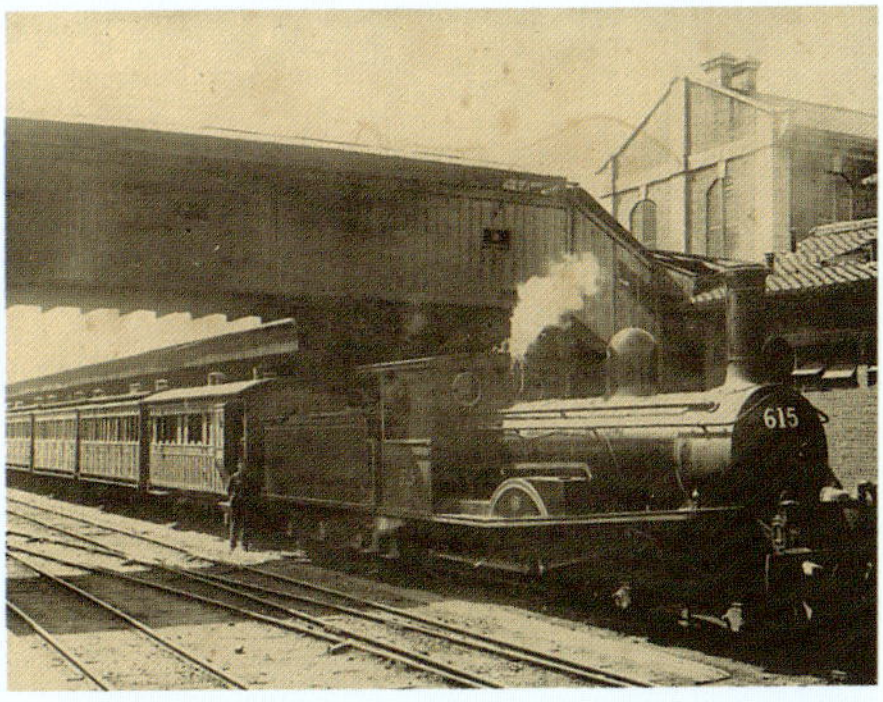

初代京都駅に停車中の西本願寺参詣者専用列車　明治40年代

工技生養成所　大阪停車場構内に開設され、イギリスから招聘された建築技師のシャービントン（前段中央の人物）らが教鞭を執った。シャービントンは京都以東の測量や、京都―神戸間の建設にも携わった。

御雇外国人《おやといがいこくじん》

英国からの技術継承

文明開化の旗印のもと、数々の目をみはるような新しいものが登場した明治初期、政府は当時の欧米の最先端技術や知識を導入して日本の更なる発展を試みたが、その多くが未知のものであったため、外国人技師の指導を仰ぐ必要があった。このため政府がこれらを専門とする技師を外国から招聘して雇用し、彼らは「御雇外国人」と呼ばれた。「鉄道」もまたその新しいものの一つであり、日本で鉄道を開業させるにあたっても、測量から設計、現場の鉄道敷設作業、機関車の運転や整備方法など、あらゆる場面で御雇外国人に頼るとともに、知識や技術などについても多くを習得した。

日本の鉄道発展に大きく貢献した代表的な人物を挙げるとすれば、英国のエドモンド・モレルは欠かせない。日本の鉄道の始まりは、ほぼ英国人が占める御雇外国人に頼る部分が大きかったが、モレルは初代建築師長として鉄道の敷設などの指揮を取るといった技術面で貢献するだけではなく、日本の鉄道の将来的な自立についても強く主張していた。そして日本人が土木工学の技術を身につけられるように教育機関の設立を進言し、これは後述する井上勝らの尽力によってその願いが実現された。しかし、肺を患っていたモレルは来日してからわずか一年半ほどで病に倒れ、30歳という若さで日本の鉄道の開業を見ることもなく他界してしまった。しかし、彼の日本の鉄道への貢献度は非常に高く、現在も桜木町駅（鉄道開業時の横浜駅）近くには、「鉄道発祥記念碑」とともに「モレルの碑」が設置されている。

エドモンド・モレル
初代建築師長として活躍した。土木技術を修め、来日前には東南アジアのラブアン島での石炭輸送用の鉄道建設などにも従事していた。

　また、モレルのような御雇外国人だけでなく、当然のことながら日本人も鉄道の開業を目指して尽力した。「鉄道の父」と呼ばれる井上勝は、1871（明治4）年に鉄道頭に任命され、かつての留学先であるイギリスで得た知識を活用して技術的な貢献を果たしただけでなく、御雇外国人らといかに協力してチームワークを発揮できるかを模索し、調整を行った。井上は鉄道の開通を目指すとともに、モレルと同じく日本人への技術継承にも取り組み、モレルが進言した工技生養成所の推進役としても活躍した。この背景には、御雇外国人の賃金が日本人よりもはるかに高額であり、その人数も多いことが、国からの鉄道関連に対する支出の高騰要因になると見据えられたことがあった。また、鉄道の敷設から車両の製作、隧道や橋梁の設置など、あらゆることを日本人のみの手で出来るようになることが、今後の鉄道界だけでなく自国の発展にとって必要だと考えられたからである。

　このように、日本鉄道の夜明けを迎える前の1870（明治3）年に先述のモレルを含む20名余りの英国人が来日したのを皮切りに御雇外国人の数は増加していき、ピーク時の1874（明治7）年には110人を超える御雇外国人が存在していたが、1877（明治10）年を境に急速に減少し、1888（明治21）年にはわずか十数名となった。その一方で、日本人の技術者は急速に増加し、技術や知識を着実に自国のものとしていった。この御雇外国人と日本人が混在する継承期間には、言葉の壁もあってか特に現場では厳しく指導されることもあったようだが、双方が協力の下に粘り強く取り組み、難局を乗り越えていったのである。そして1880（明治13）年には大津―京都間の旧逢坂山トンネルは井上勝が自ら技師長となって指揮を執り、日本人自身の手で完成させた。これは御雇外国人の数から見ても、外国人から日本人へと技術の継承が成された大きなターニングポイントであった。

　このように日本の鉄道の開業前夜を語るうえで、御雇外国人の存在は非常に大きなものであった。同じく、日本人もまた前向きに新しい文化・技術などを受け入れ、自国の発展に貢献した。御雇外国人の熱心な技術指導と、日本人の勤勉なる姿の結晶が、今日の鉄道の繁栄に繋がったといえるだろう。

（飯田一紅子）

ジョン・ダイアック

新橋―横浜間の測量に従事した英国人の技師。最初の杭を打ち、同所に鉄道の起点である0哩標識が設置された。京都―大阪―神戸間の測量や工事も担当している。横浜に所在する墓地は準鉄道記念物に指定された。

チャールス・シェパード
新橋―横浜間の鉄道建設に従事した英国人の技師。モレルの没後は建築副役として師長代理を務めた。1874（明治7）年から官設の鉱山鉄道である釜石鉄道（岩手県）の計画も担当したが、翌年に47歳で病没した。

鉄道頭	井上　勝	月給　350円
建築課長（鉄道助）	竹田春風	200
運輸課長（鉄道権助）	佐畑信之	150
新橋駅長（権中属）	高井尚三	30
横浜駅長（中属）	土肥旨一	40
品川駅長（権少属）	飯島忠順	20
鶴見駅長（中属）	畑　値時	40
鉄道差配役	ウィリアム・W・カーギル	2,000円
建築師長	リチャード・V・ボイル	1,000
建築師	ウィンボルト	650
建築師兼運輸長	ウィリアム・ゴールウェイ	600
建築師	ジョン・イングランド	600
汽車監察方	F・C・クリスティー	400
書記長兼会計長	オルドリッチ	320

鉄道関係者の賃金　1872（明治5）年

「城崎温泉名所　本邦唯一と称せらるるトレツスル式の餘部大鐵橋」との記述がある1925年ごろの絵はがき

余部鉄橋《あまるべ》

海風耐えた100年の「橋守」

　青々と広がる日本海を背に、近畿地方と山陰地方とを結ぶ鉄橋として明治時代から約100年、その沿線の発展を支えた余部鉄橋。厳しい環境のもとで山陰本線の動脈としての機能を果たしてきたこの鉄橋は、2010（平成22）年、コンクリート製の新橋梁《きょうりょう》の開通によって、その役目を終えた。

　余部鉄橋は、当時としては最新の土木技術を駆使し、1909（明治42）年12月から1912（明治45）年3月までのわずかな期間で、鎧―餘部間に建設された。

　1912（明治45）年の建設当時、鋼製のトレッスル橋（「トレッスル」とは「架台」あるいは「うま」を意味し、これに橋桁《はしげた》を乗せた構造を持つ橋梁を指す）で、イギリス人建築技師の下で学んだ日本人技師が担当し、橋長304・42メートル、高さ41・45メートル、橋台2基、橋脚11基、上路プレートガーダー23連で東洋一の規模を誇った。

香住—餘部間のルートは内陸を通る案もあったようだが、トンネル工事が多くなることや、多額の建設費が予測されたため、現在の海沿いのルートが選ばれ、橋を架けることとなった。余部に架ける橋梁は当初、海から常に潮風を受けることによる腐食の影響を考慮して「鉄橋」は不向きだと判断され、鉄筋コンクリートでの建設が鉄道院に提案された。

しかし、鉄筋コンクリート案は当時としては最新技術であり、前例がないなどの理由から、鋼製のトレッスル橋に決定された。

建設費は約33万円（当時は米1俵が2・8円）、延べ26万人もの要員を投じて建設された。こうして余部鉄橋は完成したが橋梁は海から70メートルで、常に潮風を受け、冬場には「ウラニシ」と呼ばれる季節風も強く、腐食しやすい環境下にあった。

このため、完成からわずか3年後には鋼材の腐食や塗装の著しい劣化が見られるようになったため、補修作業が開始され、「繕《つくろ》いケレン」と呼ばれるサビ落としから塗装までの作業や、部材の取り替えが行われた。これらの作業は「橋守《はしもり》」と呼ばれる専属で保守・点検を担当する作業員によって行われていた。

戦後は更に大規模な補修工事が計画的に行われるようになり、部材の取り替えに加え、より防サビ効果の高い塗料の研究、改良も進められた。このような努力によって維持されてきた余部鉄橋は「近代土木遺産」として高く評価されるとともに、その美しい姿から絵画の題材や写真の被写体などの芸術面においても多くの人々を魅了してきた。

当館では橋脚の一部を展示・保存している。明治期における日本の建設技術の結晶である橋脚を通して、過酷な環境に耐え、補修に携わった「橋守」の活躍や苦労についても感じ取っていただきたい。

（久保都）

鉄橋の役割を終え、現在は躯体の一部を保存し展望台として活用されている。2017年8月25日撮影

当館所蔵の鉄道遺産を紹介した企画展の様子
（大阪駅のステンドグラスと噴水小僧）

鉄道遺産

145年の歴史・文化の証人

「文化遺産」という言葉を聞いて、どんな印象を持たれるだろうか。遺跡や古美術品などをイメージする人も多いだろう。開業から145年が経過した日本の鉄道にも文化遺産があり、「鉄道遺産」として保存されている。

鉄道遺産は、国鉄が鉄道に関する事物の中で、文化的価値の高いものや歴史を理解するために不可欠な資料を「鉄道記念物」、歴史・文化価値の高いものや将来的に記念物と成り得るものなどを「準鉄道記念物」と定め、保存に努めてきた。国鉄の分割民営化後も、JR各社は今日に至るまでその取り組みを続けている。一例として、当館が保存するJR西日本の鉄道遺産を紹介したい。

ＪＲ西日本管内には鉄道記念物が9件存在する。このうち当館には、初代大阪駅で使われた列車の発車時刻を知らせる「大阪駅時鐘」や、北海道初の蒸気機関車として活躍した7100形7105号機「義経」号など6件がある。

また、準鉄道記念物は13件あり、当館ではSLと扇形車庫、転車台などで構成する「梅小路の蒸気機関車群と関連施設」、日本初の長距離用電車80系「クハ86形1号車」「モハ80形1号車」など7件を所蔵している。

さらに、JR西日本が発足後、新たに登録制度を作って指定した「登録鉄道文化財」は113件に上る。これはいずれも、将来的に記念物として指定される可能性がある資料として保存されているものだ。当館では「旧余部橋りょう」の橋脚の一部や、戦後に各地で主力の車両となった急行用客車「オハ46形13号客車」など26件を所蔵している。

このように当館では、多くの資料を鉄道遺産として収蔵し、保存管理を続けるとともに、その価値を広く伝えるため、多くを館内で展示している。中でも、現存最古の鉄筋コンクリート造機関車庫「梅小路機関車庫」と、同じく現存最古の国産量産型SL「233号蒸気機関車」は国の重要文化財となっている。

また当館では並行して、JR西日本管内に存在する各地の資料調査も実施している。その成果の一部は、2017（平成29）年から翌年にかけて開催した企画展「鉄道遺産をたずねて～遥かなる時を越えてきた生き証人～」において紹介した。鉄道遺産を知っていただくよい機会になったのではないだろうか。今後も鉄道遺産を含め、様々な収蔵物の魅力をお伝えする当館の展示にご期待いただきたい。

（廣田琢也）

登録鉄道文化財になっている「旧余部橋りょう」の橋脚の一部

準鉄道記念物の扇形車庫「梅小路機関車庫」は今も現役。国の重要文化財でもある

梅小路機関庫

統合で大規模な車両基地に

開設当初の梅小路機関庫。扇形車庫と転車台を使用することで、効率良く構内の敷地を利用できた（『日本国有鉄道百年写真史』より）

1876（明治9）年9月5日、京都―大阪間の官設鉄道（後の国鉄）開業に伴い、京都駅の北西に位置する三哲《さんてつ》通《どおり》西洞院東に、煉瓦《れんが》造（収容線2線）の京都機関庫が仮開設された。

この京都機関庫が、後の梅小路機関区（現・梅小路運転区）の前身である。同所では、列車を牽引する機関車の運用や、整備、検査、修繕、機関車乗務員の管理などが行われた。

その一方で、1897（明治30）年には民営の京都鉄道が二条―嵯峨（現・嵯峨嵐山）間の開業に合わせて、二条駅近くに二条機関庫を開設し、さらに同年の二条―京都間の開業によって、官設鉄道との接続が開始された。

その後、国による京都鉄道の買収を経て、1914（大正3）年に京都機関庫と二条機関庫が統合され、「梅小路機関庫」として梅小路の地に移転した。

そして、1921（大正10）年8月、東海道本線の新逢坂山隧道《ずいどう》（トンネル）が開通すると、現在の膳所《ぜぜ》駅（大津市）構内に設置されていた馬場機関庫の業務の大部分が梅小路機関庫に移管され、東海道線・山陽線の主要列車の運用管理を担うこととなる。

1930（昭和5）年には、東京―神戸間を結ぶ特急「燕《つばめ》」の新設に伴って名古屋―神戸間も担当するようになり、大規模な車両基地へと発展していった。

梅小路機関庫の主要施設である蒸気機関車庫は1913（大正2）年、京都駅の大改築に伴って建設が開始され、翌年の11月10日に竣工した。建設には2代目京都駅の設計を担当した鉄道院の技師で、後に独立してオフィスビル建築の第一人者となる渡辺節《せつ》も従事していたという。

この蒸気機関車庫は、耐火性が要求されることを念頭に、当時の日本で実用化され始めていた鉄筋コンクリート造が採用された。転車台を中心としてほぼ東西に扇形を描き、20線の引き込み線を有する大規模な機関車庫であった。

2004（平成16）年には、日本に現存する最古の鉄筋コンクリート造の機関車庫として貴重な存在であることから、国の重要文化財に指定された（登録名称は「梅小路機関車庫」）。

そして、築100年を超えた現在でも、梅小路運転区の車両検修場・留置場として使用されているとともに、当館で保存・展示している蒸気機関車の公開展示施設としても活用されている。（廣江正幸）

扇形《せんけい》車庫で転車台を実際に動かして行われた蒸気機関車の展示運転。来館者に人気の催しであった（1976（昭和51）年撮影）

三支点型転車台（60フィート）＝京都市下京区・梅小路機関車庫

転車台

鉄橋と関連深い技術駆使

当館の代表的な展示施設である梅小路機関車庫では、毎日、ＳＬスチーム号の運転に合わせて、蒸気機関車を車庫に出入りさせる作業を行っている。その際、機関車の方向転換に用いられるのが転車台である。

かつての日本の鉄道輸送は、先頭の蒸気機関車や電気機関車のみが動力装置を備え、その後ろに客車や貨車を連結して運転する動力集中式が主流だった。なかでも蒸気機関車は、前向き運転を原則とし方向転換を必要とするため、狭い用地でも方向転換の可能な転車台が設置されることになった。

「ターンテーブル」の別名もある転車台は、構造的には旋回橋の一種に当たり、レールが橋げたの上にある上路《じょうろ》式と下方にある下路《かろ》式がある。旋回部分の支えは「中央支承《ししょう》」と呼ばれ、力学的には橋げた両端の桁端車輪に荷重が掛からない、やじろべえ式の「バランスト型」と、中央支承と桁端車輪の三カ所に荷重を分散させた形の「三支点型」に分けられる。

転車台の長さは、回転させるSLの長さに関係し、鉄道開業当初はイギリス、アメリカ製の輸入鋳鉄製40フィート（約12・2メートル）や50フィート（約15・2メートル）が使用され、国産品では60フィート（約18・3メートル）のほか、17メートル、20メートル、24メートルなどの種類があった。

1935（昭和10）年頃より大型機関車が登場すると、転車台は20メートル規模が必要となり、従来の60フィートの橋げたを20メートルに延ばすための継ぎ足し改造が盛んに行われた。

特にD52形・C62形機関車は、炭水車が空に近い場合の重心が前方に偏り、転向が困難となる事態も発生し、1950（昭和25）年には岡山機関区に24メートルの転車台が

下路式バランスト型転車台（60フィート）＝岡山県・津山まなびの鉄道館内の旧津山扇形機関車庫、1930年設置

上路式バランスト型転車台（40フィート）＝岡山県・JR因美線美作河井駅構内、明治期設置（推定）

試作設置された。

　だが、作業の円滑化と引き換えに、橋げたの大型化は鋼材の増量などで工事費の膨張につながることにもなった。そこで考案されたのが、重心調整の必要がない三支点型である。1953（昭和28）年、直方機関区（福岡県）に20メートルの三支点型橋げたが初めて設置された。

　梅小路機関庫に設置された転車台は、1909（明治42）年に「転車台定規《じょうぎ》」として制定された直径60フィートの上路式で、当初は回転部の中央支承で全荷重を支えるバランスト型であった。1956（昭和31）年に現在の三支点型に交換された。


　扇形機関車庫は、鉄橋などと関連が深い技術が駆使された転車台があって初めて機能を発揮する。各所に使われている機械に目をとめて鉄道技術を堪能してみてはいかがだろうか。

（岡本健一郎）

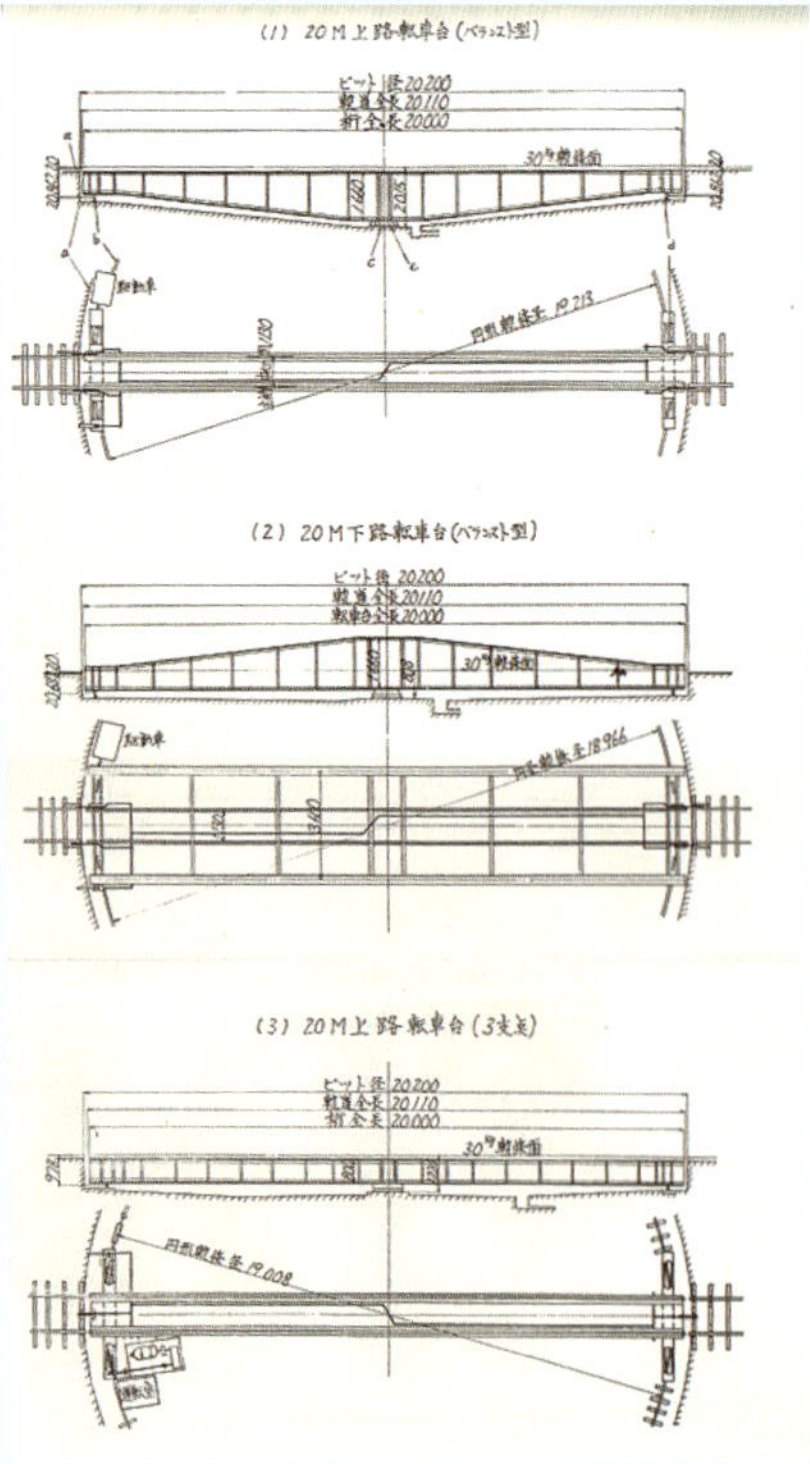

転車台一般図
（『鉄道技術発達史 第2篇（施設）Ⅲ』より）

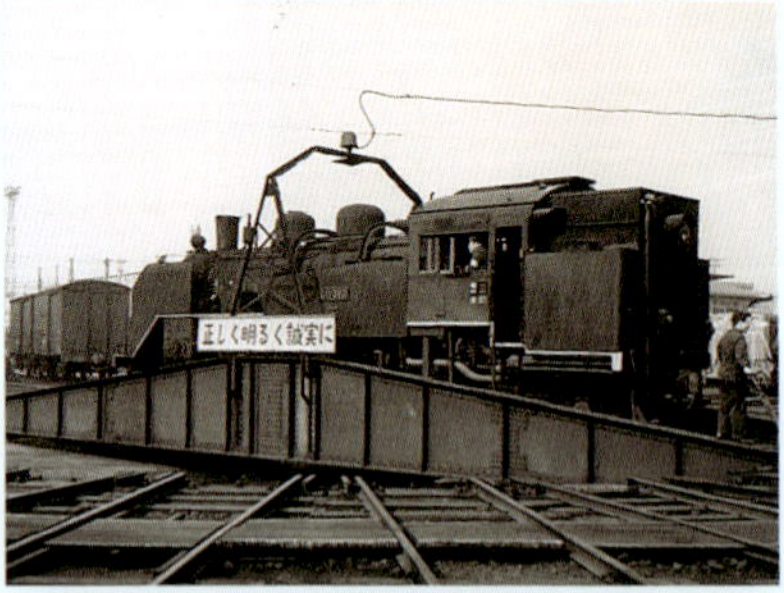

ターンテーブル上のC11形蒸気機関車

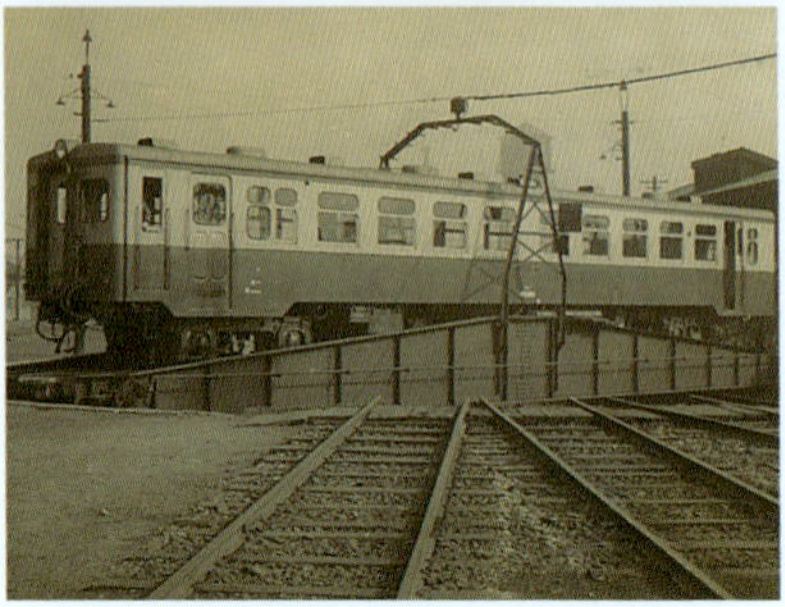
ターンテーブル上のキハ45000形

梅小路機関区の転車台周辺と山陰本線　昭和40年代頃

後藤総合車両所（鳥取県米子市）

吹田機関区（大阪府吹田市）

後藤総合車両所出雲支所（島根県出雲市）

台湾鉄路管理局の彰化機務段（機関区）
（彰化県彰化市）

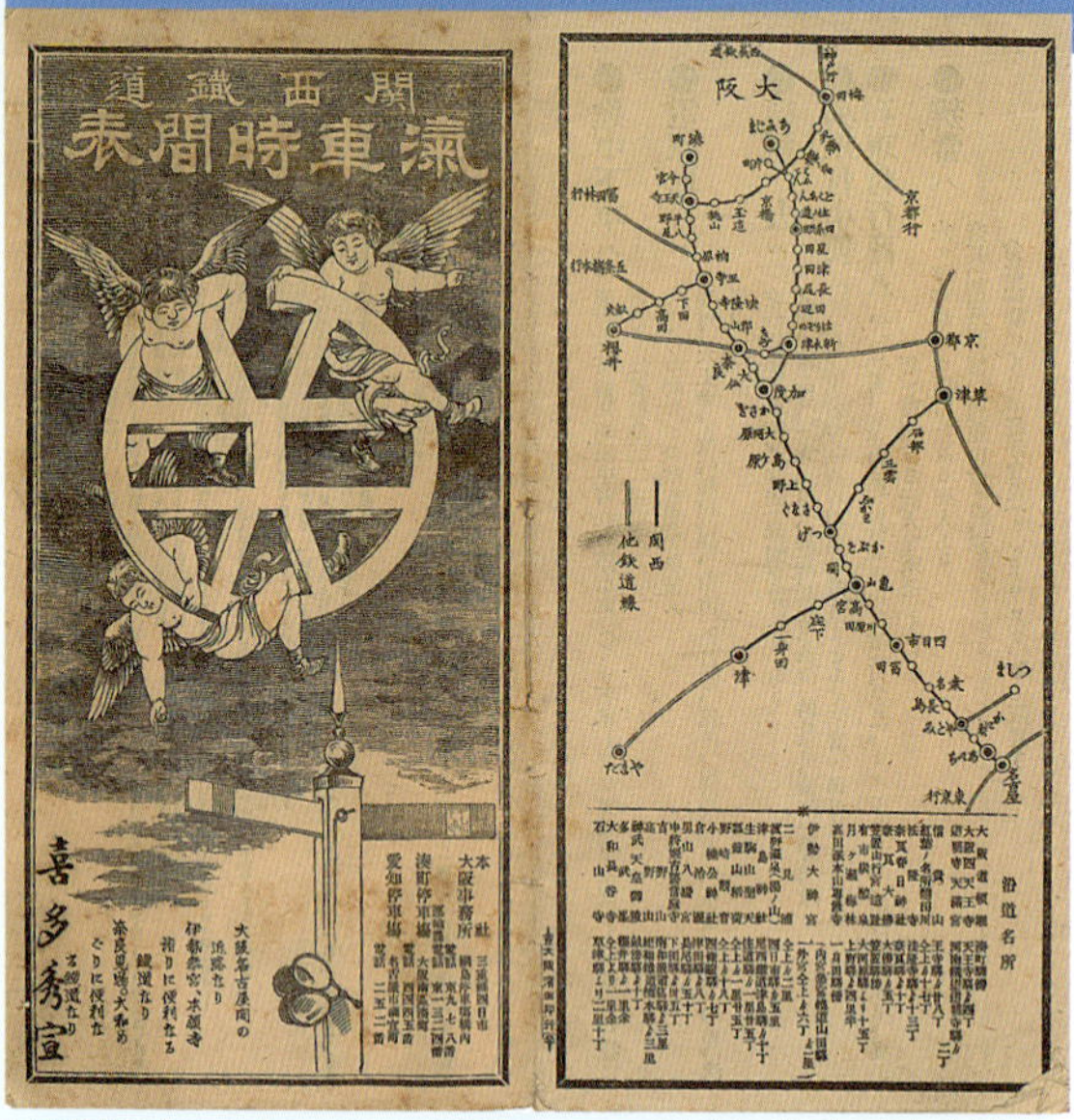

関西鉄道の汽車時間表に記された路線図＝1901（明治34）年

関西鉄道

滋賀、三重と東海道線結ぶ

1872（明治5）年に新橋―横浜間で鉄道が開業すると、各地でも鉄道建設の機運が高まり、鉄道網は拡大を続けた。その歴史をたどると、明治政府の事情や実業家たちの思惑が重なり合っていることが分かる。

当初の鉄道敷設工事は政府が主導、実行したが、同時に民間資本による私設鉄道の建設も盛んになった。この背景には、1877（明治10）年の西南戦争による政府の財政難があり、私設鉄道の建設を援助する形で鉄道網の拡大が行われたのである。

最初の私設鉄道は、1881（明治14）年に岩倉具視をはじめとする華族などにより設立された日本鉄道であった。関西で最初の私設鉄道は大阪―堺間を結ぶ阪堺鉄道で、1884（明治17）年に許可を受け、1888（明治21）年に難波―堺間が全通した。

日本鉄道や阪堺鉄道が営業的に成功していることに影響され私設鉄道設立の動きが活発になり、井伊直憲《なおのり》を中心とする滋賀県と、三重県、京都府の有志によって関西《かんせい》鉄道会社の創立願書が1887（明治20）年に提出された。

関西鉄道は、1888（明治21）年に官設鉄道のルートから外れた滋賀、三重両県内の都市と東海道線を結ぶ目的で設立された。社長に前島密《ひそか》を選び、1890（明治23）年に草津―四日市間が全通するなど、奈良県と三重県を中心に路線を運営。後に浪速鉄道や大阪鉄道などを合併し、名古屋―大阪間のルート（現在の関西本線）を全通させた。

民間資金で鉄道網の拡大を図る政府の意図は成功したが、一方で別の問題も生まれた。名古屋―大阪間での、官設鉄道と旅客・貨物を巡る競争である。

関西鉄道は、新形の蒸気機関車「早風」（後の国鉄6500形蒸気機関車）を導入し、料金不要の急行列車を運行させた。1900（明治33）年には湊町（現・難波）―名古屋間を完成させ、1904（明治37）年からは急行列車に食堂車も連結した。

また、採算を度外視した運賃の値下げ競争も激しく行われ、1904（明治37）年の日露戦争勃発に伴う軍需輸送優先策によりようやく終結した。

その後、鉄道政策は転換期を迎える。過度な旅客獲得競争が続いたことや全国的な輸送サービスの実現のため、1906（明治39）年に鉄道国有法が公布された。翌年までに私設鉄道17社が買収され、関西鉄道もその対象となり、国有化された。

全国的な鉄道網の誕生には官設、私設それぞれの計画があり、残されている関係資料からはその背景を思い浮かべることができる。

（岡本健一郎）

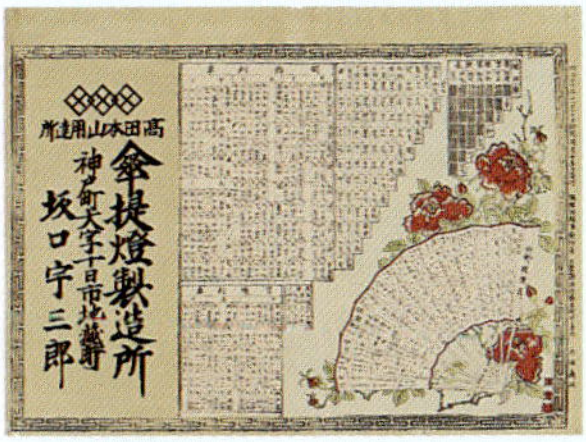

引札「傘提燈（かさちょうちん）製造所」。関西鉄道の時刻表が印刷されている＝1893（明治26）年発行

関西鉄道の駅舎または社屋の瓦（1900年ごろ）

黒髪山トンネル（奈良市）に取り付けられていた社章

青函連絡船「翔鳳丸」の絵はがき（昭和初期）。船の後方に貨車の積み込み口が見える

鉄道連絡船

海、川越えて鉄路結ぶ

京都鉄道博物館には1階「鉄道のあゆみ」の中ほどに、船とバスを紹介したコーナーがある。鉄道の博物館なのに？と思うかもしれないが、ここでは、かつて「鉄道の仲間」として活躍した「鉄道連絡船」と「国鉄バス」を取り上げている。

日本の鉄道網が形成される中で、路線としては必要とされながらも、すぐにはトンネルや橋などの建設に取り掛かれない場所に、鉄道の代わりとしてバスや船が設定された。

これらの路線には、鉄道網の一部として扱われ、運賃や運行ダイヤなどが鉄道と「連絡」しているものもあった。

特に明治期の鉄道会社には、船による輸送営業を行う会社も多かったため、国有化の際に「鉄道連絡船」として引き継がれた航路もあった。

鉄道連絡船の歴史は古く、1882（明治15）年に琵琶湖で誕生したのが始まりである。運航は太湖汽船という会社が担当し、1889（明治22）年の東海道線開業までその役割を果たした。

まだ建設途中だった東海道線の代替路線として、大津（現在の浜大津）と長浜の両岸を船で結んだ。すでに開業していた大津―神戸間と長浜―敦賀間に連絡し、人や物資を運ぶ役割を担った。

大きな川や湖、海で隔てられた場所を結ぶ鉄道連絡船は、人の輸送だけでなく貨物の輸送も行い、日本の物流を支える大きな役割を果たしてきた。

特に関門海峡や津軽海峡などの大動脈には、大正時代になると桟橋に貨車をそのまま船に積み込むための設備が建設されるようになり、専用の大型船も登場した。「上野発の夜行列車〜♪」で始まる歌に登場する青函連絡船もそんな設備を備えた鉄道連絡船だった。

こうした鉄道連絡船も、トンネルや橋の完成によりその役割を終えていき、現在では鉄道会社が運航する連絡船は姿を消した。

当館では、鉄道連絡船の果たしてきた役割を一部でも知ってもらおうと、精巧に作られたペーパーモデルや、連絡船と渡船橋のイメージジオラマなどを展示している。

特にジオラマは、関西ではなじみのある宇高連絡船（岡山県玉野市・宇野駅―香川県高松市・高松駅）と宇野渡船橋の設備をイメージしており、ご存知の方にはかつての風景を懐かしむきっかけになるかもしれない。鉄道中心の博物館ではあるが、長い鉄道連絡船の歴史にも少しでも興味を持っていただければと思う。

（藤平由夏）

青森連絡桟橋の絵はがき（昭和初期）

宇高連絡船や宇野渡船橋などをイメージしたジオラマ

東海道線走る急行列車（1905（明治38）年）

東海道本線

東京―神戸駅間を結ぶ日本の大動脈

ＪＲ京都線、琵琶湖線、ＪＲ神戸線・・・現在では愛称名が浸透してきているが、路線の正式名称は「東海道本線」。起点は東京駅で終点は神戸駅、営業距離589・5キロ、日本の大動脈である。

日本で鉄道が開業したのは1872（明治5）年の新橋―横浜間。まだ太陰暦だった9月12日、新橋駅で明治天皇を迎えて盛大な開業式が行われた。明治政府は、欧米諸国の技術を取り入れることに積極的で、鉄道では東西両京を結ぶ路線の建設が進められていた。2年後の1874（明治7）年には大阪―神戸間、1877（明治10）年には京都―大阪間、1880（明治13）年には大津―京都間が開業している。1884（明治17）年に大垣―長浜間が開業すると大津―長浜間は湖上連絡として鉄道連絡船を設定し、東海道線の西エリアは神戸から大垣までが鉄道で結ばれた。

では東エリアはどうだったのか？実は、当初建設ルートとして考えられていたのは、東京から埼玉・群馬を抜けて長野県を通り岐阜・滋賀・京都へ至る中山道のルートだった。何度も調査が行われていたが、１８７６（明治９）年に建築師長のリチャード・ボイルが提案したことにより、中山道ルートに決定した。

１８８０（明治13）年に高崎までの着工許可が下りたものの、工費の問題から着手されず、着工許可は取り消されている。その後、この区間は日本初の民営会社である日本鉄道が認可を受け、１８８４（明治17）年に上野―高崎間が開業した。ボイルの提案した中山道ルートでは、急峻な地形を含むルートであったため、工費や工期がかさむこと、開業後の運営費も大きいことが予想され、１８８６（明治19）年、東海道ルートへの変更が決定される。変更後、建設は急ピッチで進められ、１８８９（明治22）年、東海道線新橋―神戸間は全通する。この時のルートは、難所の箱根、伊吹山、逢坂山などで現在とは異なるルートではあったが、直通列車が約20時間をかけて運行されたという。

大正時代になると東京駅の開業、ルートの変更、線路の改良などが行われ、列車本数も増加していく。昭和初期には特急「富士」「櫻」、超特急「燕」など所要時間も短縮し設備も豪華な列車が登場している。１９５６（昭和31）年には全線電化が完成し、特急「つばめ」「はと」は東京―大阪間を7時間30分で結んだ。その後、20系客車による寝台列車「ブルートレイン」や１５１系電車特急「こだま」、貨物列車のコンテナ特急「たから」などが次々に登場している。東海道新幹線の開業後は直通特急も減少したが、現在でも人・モノの行き交う日本の大動脈である。

当館1階「鉄道のあゆみ」には開業式が行われた新橋駅の石組みや明治7年に開業した大阪駅の時鐘、特急「つばめ」テールマークや１５１系電車「こだま」模型や記念切符などが展示されているので、ゆっくり鑑賞してみて欲しい。


（藤平由夏）

151系電車特急「こだま」（1960（昭和35）年頃）

山陽鉄道食堂車車内

山陽本線

瀬戸内海沿いの主要都市を結ぶ

鉄道開通以前の山陽路は、陸路の山陽道と海路の瀬戸内航路が存在していた。山陽本線は瀬戸内海沿いの主要都市を結ぶ路線で山陽道とほぼ同じルート、神戸を起点とし終点門司までの路線である。明治期の大私鉄の1つ山陽鉄道が神戸—下関までを建設、開通させた。山陽鉄道は188８（明治21）年に発足、兵庫—明石間を開業する。初代社長は後の三井財閥の工業化を進めたことで有名な中上川彦次郎である。翌年には神戸—兵庫間も開業し、官設鉄道と連絡する。その後、路線を西に伸ばし、1901（明治34）年に馬関（現在の下関）までを開通させ、神戸—下関間が鉄路で結ばれた。この瀬戸内海沿いのルートは、瀬戸内航路との競合になることが当初より想定されていたため、列車速度向上のため、線路の勾配を10パーミル以下に抑えるよう中上川が指導したとされている。難所である大山峠（瀬野駅―八本松間）は22・6パーミルとなったものの、その他の区間は、東海道本線や東北本線などと比べても平坦な路線となっており、その後も大規模な勾配緩和のための路線変更が行われていないことは、先見の明があったといえるだろう。

また、山陽鉄道は、車両設備やサービス面でも先駆的な取り組みを行ったことで知られている。１８９４（明治27）年には日本初の長距離急行列車を運転させ、１９０１（明治34）年にはさらに速い「最急行」列車を設定する。この列車の登場が１９１２（明治45）年の新橋―下関間の「特別急行列車」の登場につながっていった。他にも、列車ボーイを乗車させてサービス向上を図ったり、食堂車や寝台車などを初めて導入したのも山陽鉄道である。好評により他の私鉄会社や官設鉄道にも広がっていったサービスや設備も数多い。

１９０６（明治39）年に国有化されると、東海道線との直通列車も運行されるようになる。１９３４（昭和９）年には神戸―明石間が電化され、神戸付近はこれにあわせて線路の高架化が行われ、当時建設されたモダンな駅舎は現在でも使用されている。１９４２（昭和17）年には世界初の海底トンネルである関門トンネルが開通し、山陽本線は現在の終点である門司駅まで延長された。１９６１（昭和36）年のダイヤ改正では多くの特急が登場し、１９６４（昭和39）年の全線電化完成後も山陽新幹線の開業まで、多くの特急・急行列車が活躍する路線であった。

当館１階の「鉄道のあゆみ」には、山の形を模した社章紋のある瓦や絵葉書など山陽鉄道の資料やサービスが紹介されている。また、山陽本線で活躍した特急なども紹介しているので、探してみて欲しい。

（藤平由夏）

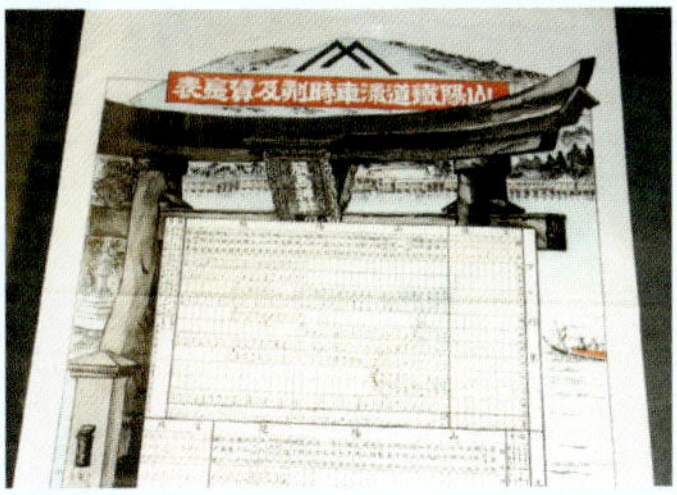

山陽鉄道汽車時刻及賃金表

山陽鉄道の社紋が入った瓦

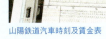

当館のスカイテラスから望む山陰本線の普通列車

山陰本線

在来線で日本最長路線

山陰本線は、近畿から中国地方の日本海側を結ぶ路線である。京都駅を起点として西方面へと延び、丹波・但馬・山陰地方の各都市を経て、終点の幡生《はたぶ》駅（山口県下関市）に至る。総距離は673・8キロにも及び、在来線では日本最長を誇る。

同線は区間ごとに前身が異なり、その歴史は1897（明治30）年2月、京都鉄道が二条―嵯峨《さが》（現・嵯峨嵐山駅）間を開業したことに始まる。

京都鉄道は、京都駅から綾部などを経て、日本海側の舞鶴までを結ぶ鉄道建設を目標に、京都を中心に活動した政治家で実業家でもあった浜岡光哲《こうてつ》、田中源太郎らによって設立された民営の鉄道会社であった。

同社は1899（明治32）年に京都から園部までの開通

を達成したが、綾部、舞鶴までの開通は実現できなかった。1907（明治40）年、同社の路線は鉄道国有法に基づき国有化され、官設鉄道の一部となり、園部から西の路線は官設鉄道によって建設が進められていく。

官設鉄道は1904（明治37）年、綾部—舞鶴間を完成させていた。そして、当初は民営の阪鶴《はんかく》鉄道に貸与していた福知山—綾部間の路線も合わせ、1911（明治44）年に京都—香住（兵庫県）間が開通した。

一方、山陰地方でも官設鉄道による鉄道建設が、1902（明治35）年の境—御来屋《みくりや》間（ともに鳥取県）の開通を皮切りに順次、進められていた。

1912（明治45）年、京都—出雲今市（現・出雲市駅）間の開通により、香住《かすみ》以東の山陰東線と以西の山陰西線が統合され、山陰本線と改称。さらに出雲今市から西でも国有化・延伸が進められ、1933（昭和8）年に山口県の美祢《みね》線の一部と小串線が山陰本線に編入、京都—幡生間が全通した。

戦後になると、急行「いずも」（東京—大社、後に特急「出雲」）、特急「あさしお」（京都—米子）などの優等列車が山陰本線で活躍した。現在は特急「はしだて」（京都—天橋立）、特急「きのさき」（京都—城崎《きのさき》）などが運行されている。

JR西日本が発足した翌年の1988（昭和63）年には、京都—園部間で「嵯峨野線」という愛称の使用が開始された。2019（平成31）年春には、当館の最寄りとなる梅小路京都西駅が京都—丹波口間に開業する予定である。

（廣江正幸）

特急「きのさき」などで運用されている287系電車のデザインモデル

山陰本線を走る急行「いずも」（撮影年、場所不明）

特急「出雲」のヘッドマーク

奈良線開業120周年記念のヘッドマークを掲げた103系通勤型電車
（京都市下京区・JR京都駅、2016年撮影）

奈良線

区間は京都―木津止まり

京都から奈良に向かって縦に延び、通勤・通学や観光の足として多くの人が利用する「奈良線」。実は、１ミリも奈良県内を走っていないことをご存じだろうか。

１８９２（明治25）年、３年後の第４回「内国勧業博覧会」京都開催に向けて、奈良鉄道が京都―奈良間の鉄道建設に着手したのが今の奈良線の始まりである。

１８９４（明治27）年、奈良鉄道は京都側から起工し、翌年に京都―桃山間を開通させた。１８９６（明治29）年１月に玉水、３月には木津まで順次開通し、４月には京都から奈良までつながった。当初は１日10往復、片道約１時間50分だった。

１９０５（明治38）年、奈良鉄道は奈良駅で接続していた関西《かんせい》鉄道と合併した。このとき木津—奈良間が、名古屋と大阪を結ぶ基幹路線に組み込まれることになった。

1906（明治39）～1907（明治40）年に主要鉄道路線の国有化が進められるなか、関西鉄道は1907（明治40）年10月に国有化された。そして1909（明治42）年、国有鉄道線路名称の制定に際して、京都—木津間が「奈良線」に、木津—奈良間が「関西線《かんさい》」となった。

1921（大正10）年、東海道本線の東山・新逢坂山トンネル開通に合わせて、東海道本線と奈良線の線路変更が行われた。東海道本線では京都—大津（旧・馬場、現・膳所）間の稲荷、山科経由を廃止して現ルートに変更、そして廃止された東海道本線の稲荷—京都間が奈良線に編入され、今の経路となった。

線路変更によって廃線となった旧奈良線（京都—伏見—桃山間）の敷地は、1928（昭和3）年に奈良電気鉄道（現・近畿日本鉄道）に払い下げられ、現在の近鉄京都線が敷設された。

当館2階の指令所のコーナーで展示している奈良線のCTC（列車集中制御装置）制御盤・表示盤は、かつて同路線の運行状況を管理するため用いられた。CTCとは、各駅のポイントや信号機の操作、運行状況を1箇所で集中管理するための装置で、該当路線を管轄する指令所に設置されている。

当館で展示している奈良線CTC制御盤・表示盤は1981（昭和56）年に製造されたもので、この時点で未開業であった平城山、六地蔵、JR藤森、JR小倉駅が無いなど、現在の奈良線とは異なる部分も見られる。

列車の運行を管理する複雑な機械のため、記号や数字も多いが、じっくり見ていただくと、さまざまな発見があるのではないだろうか。

（久保奈緒子）

京都鉄道博物館の「指令所」コーナーに展示されている、奈良線のCTC表示盤・制御盤。表示板の右端は京都駅、左端は木津駅を示す。

愛宕山鉄道平坦線の清滝《きよたき》駅
愛宕神社は、火伏せ・防火に霊験のある神社として信仰されており、京都では同社の「火迺要慎《ひのようじん》」と書かれた火伏札が台所や厨房に貼られている。

不《ふ》要《よう》不《ふ》急《きゅう》線

戦時中に単線化や休止・廃止となった路線

1941（昭和16）年8月30日、兵器生産などに必要な金属資源の確保を目的として、金属類回収令が公布された。この法令に基づき、必要性が低いと判断された路線（不要不急線）は、複線の単線化や、営業休止・路線廃止によって線路が撤去され、レールなどの金属が国に供出された。

京都市周辺では、1944（昭和19）年に市内と比叡山を結んでいた京福電気鉄道の叡山鋼索《えいざんこうさく》線（現在の叡山ケーブル）、愛宕山《あたごさん》鉄道などが休止（愛宕山鉄道は戦後に廃止）となった。

愛宕山鉄道は、京福電気鉄道の嵐山駅と同社の清滝駅間を結ぶ平坦《へいたん》線（普通鉄道路線）と、清滝川―愛宕間の鋼索《こうさく》鉄道（ケーブルカー）を1929（昭和4）年に開業し、嵐山から愛宕山（京都市右京区、標高924m）の愛宕神社付近までを結んでいた参詣《さんけい》路線である。開業後、清滝では清滝遊園地、愛宕山では愛宕山ホテル・愛宕山遊園地・スキー場なども開業して賑《にぎ》わいをみせていた路線であった。

また、京阪神急行電鉄の嵐山線（現在の阪急嵐山線）は単線化された。同線は、新京阪鉄道が建設した嵐山―桂間を結ぶ約4.1kmの路線で、1928（昭和3）年の開業当初は複線であった。しかし、当初の想定よりも利用が伸びなかったため、1930（昭和5）年ごろから単線で運行されるようになり、1944（昭和19）年に使用されていなかった一線が撤去されたのである。なお、同社の石山線・坂本線（現在の京阪石山坂本線）の滋賀里《しがさと》―坂本間も1945（昭和20）に単線化されたが、こちらは滋賀里―穴太《あのう》間が1947（昭和22）年、穴太―坂本間が1997（平成9）年に再複線化されている。

（廣江正幸）

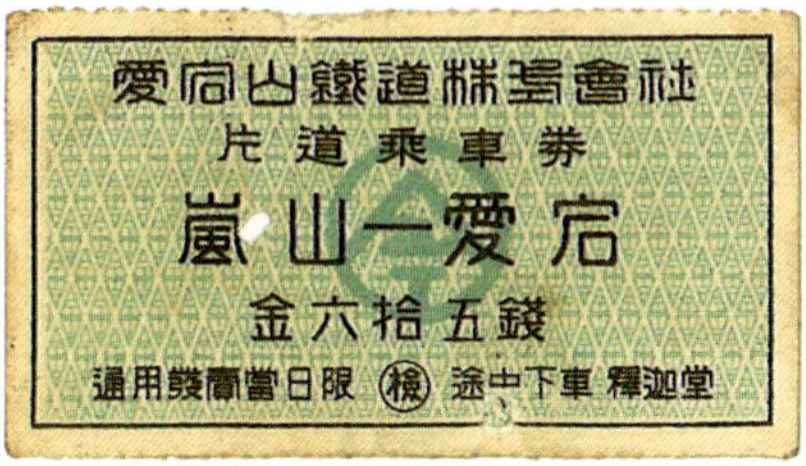

愛宕山鉄道往復乗車券の往路券

鋼索鉄道は、ケーブル（鋼索＝鋼鉄製のロープ）に車両を繋《つな》げ、そのケーブルを巻上機《まきあげき》などで巻き上げて運転する鉄道で、現在の京都市周辺では京福電気鉄道の叡山ケーブル、比叡山鉄道の坂本ケーブル、鞍馬寺《くらまでら》の鞍馬寺ケーブル、京阪電車の男山《おとこやま》ケーブルがある。

叡山鋼索線の四明ヶ嶽駅（現在のケーブル比叡駅）を発車するケーブルカー

山陰線との立体交差付近を走行する京都市電。梅小路蒸気機関車館の前を通っていた（1977（昭和52）年ごろ）＝撮影・松原紀夫氏

京都の路面電車

日本初の開業、道路も拡幅

日本の路面電車の営業は、1895（明治28）年2月1日、京都電気鉄道株式会社（以下京電）が東洞院通塩小路下ルから伏見町下油掛まで運行したことに始まる。

京都に日本初の路面電車が開業した背景には、琵琶湖疏水により日本初の水力発電所が設けられ、電車に供給できる電力が十分にあったことが挙げられる。また、「平安遷都千百年」を記念し京都で開催される第4回内国博覧会に合わせ、来場者の輸送手段としても開業が急がれた。

博覧会の呼び物として華やかに開業した京電は当初、車両16両、線路は1067ミリの狭軌、単線であったが、その後も次々に路線を拡大、各線を複線化していった。

同じころ、近代都市化を図っていた京都市は、道路の拡幅が施策の第一命題と考えていた。平安京の時代から整備されてきた道路網は、格子状を保ってはいたが、その多くが狭い道路であった。

そこで1907（明治40）年、七条・四条・丸太町・今出川・東大路・烏丸・千本大宮の各道路の拡幅が決まった。工事費用は公債を発行するとともに、拡張した道路上に電車を走らせ、その収益で返済資金を調達する方法が計画された。これが京都市電と、今に続く京都の街並み形成の始まりである。

京都市電は1912（明治45）年6月11日、烏丸塩小路―烏丸丸太町、壬生車庫前―千本丸太町、千本丸太町―烏丸丸太町、四条西洞院―四条小橋の4線計7・7キロで運転開始した。車両は客車97両、貴賓車2両、撒水車3両で、線路は1435ミリの標準軌、全線複線、電車運転に要する電力は同年竣工《しゅんこう》の第二疏水を利用した新発電所から供給された。

その後、京電と京都市電は2社共存で運行されていたが、1918（大正7）年、京都市が京電を買収し、京電路線は順次廃線または改軌されていった。

最盛期には市内で約77キロを営業し、市民の足として活躍していた京都市電だったが、60年代ごろから自動車の普及などで利用者が減少し始め、伏見・稲荷線の廃止を皮切りに徐々に廃線が進められていった。そして1978（昭和53）年9月30日、京電以来83年の歴史に幕を下ろしたのである。

現在、当館に近接する梅小路公園内では、リチウムイオン電池を動力源に車両改造されたチンチン電車（N27号）が土、日曜や休日などに運行されているほか、多数の車両が保存展示されている。

（加藤沙織）

開業から約10年たったころの京電が走る京都市内の様子（1906（明治39）年ごろ撮影）

当館では「さようなら河原町 七条・烏丸線ヘッドマーク」を展示している 1977（昭和52）年9月＝撮影・松原紀夫氏

京都市のトロリーバス（無《む》軌《き》条《じょう》電車）

レールを必要としない電気駆動のバス

京都市のトロリーバス（イギリスのガイ・モータース製）
トロリーバスは、天井部に取り付けられた集電装置（トロリーポールなど）を架線（トロリー）に接触させて集電する。日本初のトロリーバスは1928（昭和3）年開業の日本無軌道電車（兵庫県宝塚市）であったが、業績が不振で4年後に廃止された。

1932（昭和7）年4月1日、四条大宮―西大路四条間（約1・6㎞）において、無軌条電車の運転が開始された。無軌条電車とはトロリーバス（トロリーコーチ、トラックレストロリー）のことで、レールを敷設《ふせつ》せず、架線から給電を受けて走行する電気駆動のバスである。

世界初のトロリーバスは、1882（明治15）年、ドイツのヴェルナー・フォン・シーメンス（ジーメンス）が開発し、エレクトロモーテと名付けて試運転を行った車両である。これは、改造した四輪馬車にモーターを搭載し、ケーブルによる集電で走行する乗物であった。その後、1899（明治32）年には、シーメンス・ハルスケ社（シーメンスが創立した電気技術会社）が、路面電車区間ではパンタグラフによる集電、道路区間では充電池によって走行する方式の乗合バスをベルリン国際自動車展に出展している。そして、1901（明治34）年、ドイツで世界初となるトロリーバスの運行が始まり、フランスでも同年から運行が開始された。1920年代になると、トロリーバスはヨーロッパの各地で運行されるようになり、1930年代以降はアメリカでも急速に普及していく。日本では明治末期に東京市電気局がトロリーバスを試作し、大正末～昭和初期頃からは民間企業による開発も本格化していった。こうしたなかで1932（昭和7）年に京都市がトロリーバスを採用し、1943（昭和18）年には名古屋市でも運行が開始された。そして、戦後になると、石油資源が乏《とぼ》しく、道路も狭《せま》い日本ではトロリーバスが都市交通に適しているというCTS（GHQの民間運輸局）の提言などもあり、1950年代には神奈川県の川崎市、東京都、大阪市、横浜市で運行が開始された。

　さて、昭和初期当時の四条《しじょう》通《どおり》は、国鉄の山陰線と交差していた。このため、交差地点に市電の軌道を敷設しようとすると、国鉄とのレール交差を避ける必要があったが、地下にはすでに新京阪線が敷設されており、地下側への立体交差も困難であった。そこで、この問題を解決するための方策として、レールを必要としないトロリーバスが採用されたのである。そして、その後も路線は延伸されていき、1962（昭和37）年には総延長が5・2kmとなった。しかし、モータリゼーション（車社会化）の進展や、バス（ガソリン自動車）の大型化・製造費低下などにより、1960年代後半から次第に国内各地の路線が廃止されていき、京都市のトロリーバスも1969（昭和44）年9月30日にその役割を終えることとなった。

（廣江正幸）

京都市のトロリーバス（側面）
この車両は定員50人で、最高速度は41km/h（運転速度は26km/h）であった。現行法では、大型二種免許と動力車操縦者運転免許（無軌条電車運転免許）がトロリーバス運転士の必須免許となっている。現在、日本では立山黒部アルペンルート（富山県～長野県）内の路線のみでトロリーバスが運行されている。

トロリーバスの車内

狭軌Ｉ型N27号
2014（平成26）年、動力源がリチウムイオン電池に変更された。

狭軌《きょうき》Ｉ型Ｎ27号

梅小路公園内で運転されている路面電車

　当館に隣接する梅小路公園では、京都市電で運用されていたN27号による体験乗車が、土休日と夏休み期間などに行われている。このN27号は明治後期に製造され、1961（昭和36）年に廃止された堀川線（北野―京都駅前間）で運用されていた車両で、形式番号の「N」は狭軌用であることを示している。1918（大正7）年、京都市は京電（京都電気鉄道株式会社）を買収し、市内で運行されている路面電車の一元化を実現したが、京都市電は標準軌（広軌）、京電は狭軌を採用していたため、京都市電は二種類の軌道が併存することになり、旧京電の車両は通称「N電」（Narrow gauge＝狭軌）とも呼ばれていた。

　N27号は1961（昭和36）年に引退し、その後は静態保存機となっていたが、1994（平成6）年に復元工事が行われ、車体台枠《だいわく》、台車、主要電気品以外は新たに作り直された。半鋼製の車体であるため木材の使用が多く、天井や側面部の間柱などに使用される部材には曲線もあるため、建築大工の仕事の様な作業工程も必要であったとのことである。そして、同年から2013（平成25）年まで梅小路公園内（現在の当館トワイライトプラザ、プロムナード付近）で運転されたのち、2014（平成26）年に現在地（梅小路公園内のパークカフェ、市電広場付近）へ移設されて現在に至っている。

（廣江正幸）

梅小路公園内で
保存・展示されている
京都市電の車両

505号（市電カフェ）、703号（市電ショップ）、890号、1605号が市電広場で保存され、935号、2001号が総合案内所として活用されている。

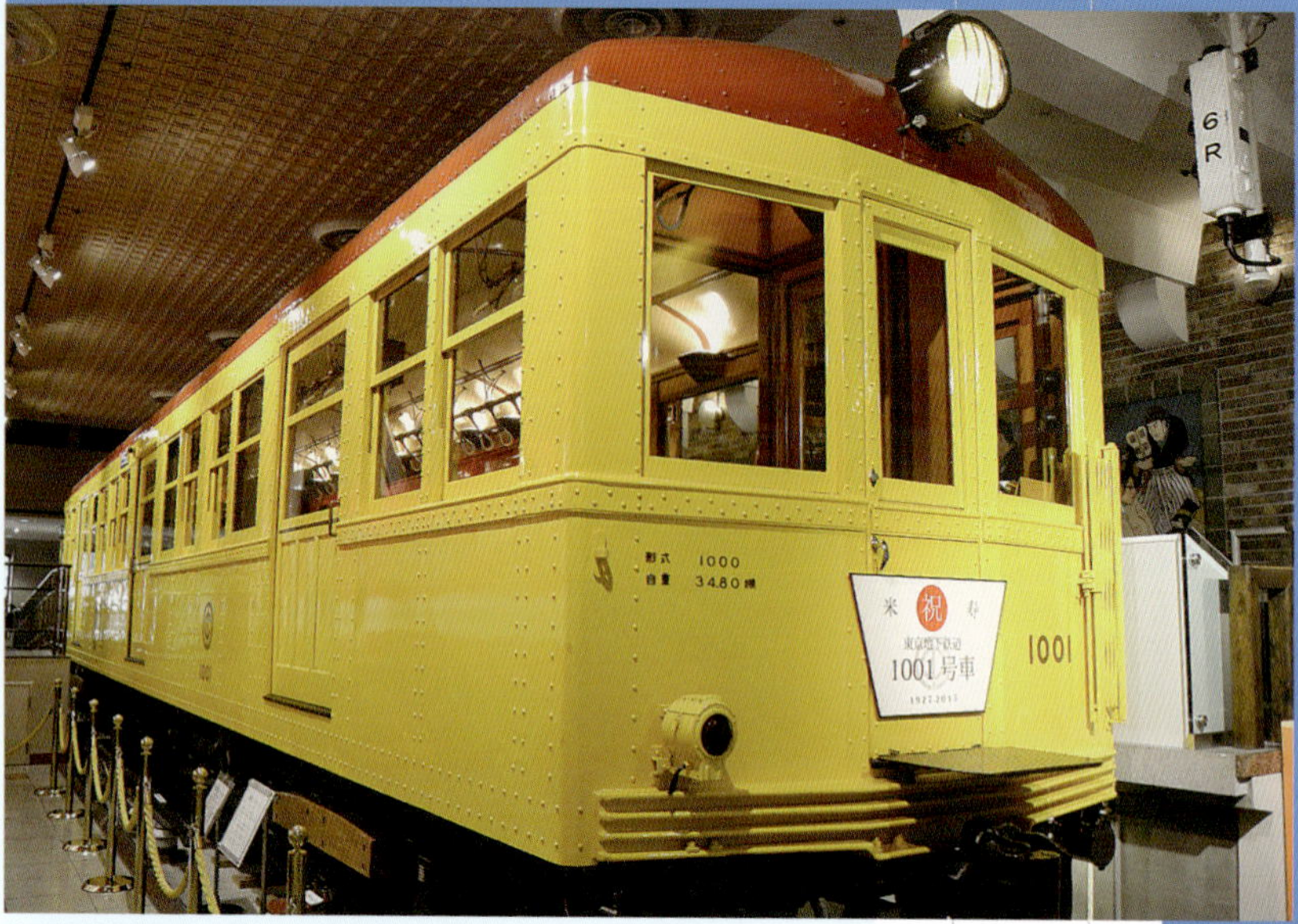

地下鉄博物館で展示されている日本初の地下鉄用電車1000形1001号車。
電車では初めて、国の重要文化財に指定された。

地下鉄

地下にも拡がる鉄道網

鉄道は道路交通と比較して定時性や輸送力に定評がある交通手段である。中でも、地下鉄は人口や建物が密集した都市部において利便性の高い移動手段として発達してきた。

地下鉄は、既存の市街地をそのままに、新たな鉄道路線を敷設する方法として考案された。世界初の地下鉄は、1863年にイギリスのメトロポリタン鉄道が開業させた。ロンドンの主要な4つの駅を結び、金融中心街「バンク」の北にあるファリンドン・ストリートに至る4マイル（6・4㎞）の地下鉄路線であった。

このとき走行していたのはSLと客車であったが、ご存じの通り、石炭を燃やして蒸気の力を得るSLからは、煤煙が発生する。そのため、初期の地下鉄路線ではターミナル部分に屋根を設けず、青天井にするなどの工夫がなされた。

　イギリスでの地下鉄開業に遅れること半世紀以上、1927（昭和2）年に東京地下鉄道株式会社が浅草―上野間に東洋初の地下鉄路線を開業させた。イギリスでの開業時とは異なり、走行車両はSLではなく、地下鉄専用の車両「1000形」が開発された。

東京地下鉄道の絵葉書。写っているのは昭和8年頃の京橋駅と思われる。

　1000形電車は、木製の車両が主流であった当時においては画期的な、不燃材料を用いた鋼製車両であった。また1000形は、日本で初めて自動列車停止装置（ATS）を装備するなど、当時の最新技術がふんだんに詰め込まれた車両であった。

　1933（昭和8）年には、日本初の公営地下鉄である、大阪市営地下鉄の梅田―心斎橋間が開業した。開業50周年を記念して発行されたポスターには、開業に向けて地下鉄用車両を牛が牽いて搬送している様子を撮影した写真が使用されている。

　1950年代以降、大都市圏を中心にじわじわと地下鉄整備は進んでいったが、京都での地下鉄開業は遅かった。京都市営地下鉄烏丸線の京都―北大路間は、1981（昭和56）年5月29日、大阪より約半世紀遅れての開業であった。その後、1988（昭和63）年に京都―竹田間の開業および北大路―新田辺間における近畿日本鉄道京都線との相互直通運転が開始した。1997（平成9）年に国際会館前までが開業したことで、全線開業となった。

　現在の京都市営地下鉄及び市バス路線の大半は元々、京都市電の経路であり、市電は京都市内における重要な交通手段として位置づけられていた。そうした背景もあって、地下鉄建設には反対の声も多く、他の都市と比べて導入が遅れた。しかし現在では、交通渋滞が多い京都市内において、速達性の高い交通手段として多くの市民や観光客にとって重要な足となっている。

（久保奈緒子）

大阪市営地下鉄開業50周年記念ポスター（1983年発行）。大阪市営地下鉄の開業を前に、牛が車両を牽いて搬送している。

鉄道省のバス
1930（昭和5）年に開業した岡多線で使用された車両

省営自動車

自動車による鉄路の代替

省営自動車は、鉄道省（大正9年〜昭和18年）によって運営されていた旅客貨用の自動車である。国内において鉄道路線の需要が高まる中で、全国の鉄道建設予定線は膨大な数となった。しかし、それらの中には輸送量の見込みが少ない地域もあり、その建設費用も多額になると予想された。このため、鉄道網が未整備の地域では自動車による輸送の方が得策であると考えられ、1929（昭和4）年に自動車交通網調査会が設置され、全国的な調査が実施された。

そして、鉄道省はその調査結果を基にした交通政策として、自動車による輸送営業を試みることを決定した。この省営自動車の使命は、第一に鉄道路線の代行・補助機関としての役割があった。そのため、単なるバス輸送だけではなく、鉄道と同様の輸送サービスとするため、全国の国有鉄道線との連絡輸送を行った。

　省営の自動車路線として初めて選定されたのは、1930（昭和5）年12月に営業を開始した岡崎（愛知県）―多治見（岐阜県）間を結ぶ岡多線であった。続いて、1931（昭和6年）5月に三山線（山口県の三田尻―山口間）が、翌年3月には亀山（三重県）―三雲（滋賀県）間が営業を開始し、5月に石部まで延長した亀三線との3線が試験路線として開業した。これらの路線で培われた車両・道路・運転・車両保守・営業などの経験と実績が、省営自動車の本格的な経営の礎となった。そして1932（昭和7）年、運輸局内に自動車課が設置され、本格的な経営がスタートし、1937（昭和12）年には総路線延長が約2，180km、車両総数418両、貨物車76両となり、その運営も順調であるかにみえた。

　しかし、第二次世界大戦が激化していくと、燃料不足によってガソリン車が木炭・薪などの代燃車に改造されていくなど、省営自動車にも影響が出始めた。また、貨物輸送の需要は年々激増していたが、代燃車の性能では十分に対応できないため、その運営は次第に困難な状況へと追い込まれていった。

　その後、1945（昭和20）年に終戦を迎えると、省営自動車は直ちに旅客・貨物ともに復興に向けての取り組みが進められた。しかし、物資だけでなく人手も不足していた当時にあって、これを再建することは容易ではなかっ

昭和初期頃の省営自動車

た。また、長期間にわたって新車の補充が行われず、修理も不十分であったことから老朽化していた車両は故障が続出し、困難の中での運営であった。しかし、そのような過酷な状況下でも、1946(昭和21)年からは全国36自動車区において食糧・薪炭・復興資材など、鉄道局長が承認した重要物資の貨物に限り、省営自動車の路線外へも運送の取扱を実施するなど、戦後の復興期における自動車輸送に、省営自動車は大きな役割を担っていたのである。

そして、1949(昭和24)年には公共企業体である日本国有鉄道が発足し、省営自動車は、国鉄自動車として再スタートを切ることとなったが、昭和30年代に入ると自動車の大衆化が進み、バス需要に取って代わる形でマイカー時代が到来した。さらに、民間事業者の参入などもあり、国鉄自動車の在り方も変わっていった。また、1964(昭和39)年10月5日、日本初の高速道路である東名高速自動車道が開通し、本格的な高速道路時代に入った。これに合わせ、国鉄自動車も高速バス「ドリーム号」の運行を開始するなど、車両技術だけでなく、時代のニーズに即応したバスならではの様々なサービスなどを提供し続け、現在はJRバスがその役目を引き継いでいる。

(飯田一紅子)

交通科学博物館に展示されていた国鉄ハイウェイバス東名1号車『ドリーム号』

鉄道設備　駅舎

初代京都駅の絵はがき（明治末期ごろ）

駅と駅舎

様式や機能、時代ごとに変化

駅という漢字は「馬」と「尺」（旧字は「睪」）の字で構成され、尺には「次から次に手繰り寄せる」という意味がある。『漢語林』によると、馬を乗り継ぐために用意された場所・宿場を表しているという。

古代日本では、畿内の都と地方を結ぶ道路に設けられた馬の乗り継ぎ場を「駅《うまや》」または「駅家《うまや》」と呼称し、近世には街道沿いに整備された宿場を「宿駅」と呼んでいた。

そして、明治時代に鉄道が開業すると、英語の「Station《ステーション》」の訳語として「鉄道館」、「ステンション」、「ステンショ」、「停車場」、「駅」などの呼び方が用いられた。

鉄道の駅は主に駅舎とプラットフォーム、線路などで構成される。規模によっても異なるが、現在の駅舎は券売所、改札口、待合室、事務室、売店、観光案内所などが設置されている。

１８７２（明治５）年、日本初の鉄道開業に合わせて建築された新橋と横浜の駅舎は、アメリカ人の建築技師が設計した木造２階建てで、外壁は石張りの洋風建築であった。

１８７４（明治７）年開業の大阪駅は木造二階建ての煉瓦《れんが》張り、１８７７（明治10）年開業の京都駅は煉瓦《れんが》造２階建てで、どちらの駅舎もやはり洋風建築。明治初期の鉄道建設は外国人技師主導で進められたため、駅舎が洋風になるのも必然だったといえる。

さらに明治後期になると、宇都宮駅（栃木県宇都宮市）や二条駅（京都府京都市）などに代表される本格的な和風駅舎も登場するなど、さまざまな建築様式が見られるようになった。

時代が下り、１９４１（昭和16）年に太平洋戦争が勃発すると、全国各地で多くの駅舎が荒廃し、戦後はその修繕や建て替えが課題となった。

しかし終戦直後の国鉄路線は、線路の復旧や車両の確保が最優先で、駅舎などの復旧にはあまり手が回せない状況だった。

そこで、民間資金も導入して駅舎を建て、商業施設などを併設した「民衆駅」の建設が検討され、１９５０（昭和25）年、全国初の民衆駅として豊橋駅（愛知県豊橋市）が開業した。

鉄筋コンクリート造などによる不燃構造の駅舎建築が主流となっていくのも昭和20年代中期以降からである。そして現在では、地上駅、高架駅、地下駅、商業複合施設の駅ビル、駅員が常駐しない無人駅など、その土地の特性に合わせたさまざまな機能や形態の駅が存在し、今日も多くの人々が行き交っている。

（廣江正幸）

「驛」

1997（平成９）年に梅小路蒸気機関車館（現在の京都鉄道博物館）に移築された旧二条駅舎

３代目京都駅の絵はがき（昭和30年代）

駅弁の販売風景（1953年撮影、上野駅常磐線ホーム）

かつての駅の風景

「構内営業」飛躍的に発展

1872（明治5）年の鉄道開業以降、人の移動の自由、行動範囲の拡大に鉄道が大きく貢献するようになった。それに伴い駅構内のサービス、いわゆる「構内営業」も充実してきた。その歴史は開業時までさかのぼる。

構内営業とは、駅構内や列車内、鉄道連絡船内で旅客などを対象に行う営業である。始まりは諸説ある。一つには、横浜在住の赤井金次郎氏が横浜駅（現・桜木町駅）での構内営業を申請したのが最初という説。二つには、鉄道が開業した年の6月、邦字新聞「日新真事誌《にっしんしんじし》」の創刊者として知られるジョン・レディ・ブラック氏による新聞の立ち売りの申し出が始まりとの説が有力だ。

飲食物を含めた物品販売の営業としては、立ち売りと出店があり、駅弁販売、手荷物運搬、両替、靴磨き、理髪、列車内での貸座布団営業、人力車営業などがこれに当たる。

　これらの構内営業は横浜駅にとどまらず、ほぼ同時期に京都駅でも行われていたことを裏付ける資料が残る。

　その資料によると、このころすでに京都駅や大阪駅には売店が存在し、新聞はもとより郵便切手やマッチなども販売していたことがうかがい知れる。これらは、鉄道が延伸され列車運行本数と利用客が増加するに連れて、売り上げも伸びた。

　当初はこうした営業を鉄道側が無料で認可していたが、外国から多額の借金をして鉄道を建設したことで、苦しい経営を少しでも軽減させるため、冥加《みょうが》金、後に賦《ふ》金という名称で構内営業料を徴収することになった。

　また、売店は鉄道輸送に支障をきたさない範囲で鉄道側が設置した。営業者が勝手に売店を増改築するのを規制し、管理問題や所有権などのトラブルを避けるためでもあった。

　構内営業では、その地区を管轄する鉄道局で、それぞれの地方に適応した駅構内従業員の「従業心得《じゅうぎょうこころえ》」が定められ、統制のある取り扱いと取り締まりが行われた。

　「心得」は駅構内での一切の営業に対し、営業者の義務、従業員の服装から販売品の価格に至るまでを規定した。これにより、旅客や一般の人々に便益を供与し、一方で不正な営業の取り締まり強化にもつながった。

　こうして構内営業は今日まで、旅客サービス部門の重要な担い手として飛躍的な発展を遂げてきたのである。

（久保都）

大阪駅で1945年から使われていた靴磨き用のいす。2006年に新大阪駅で役目を終えた（京都鉄道博物館）

「赤帽」と呼ばれた手荷物運搬人（1959年、撮影場所不明）

昭和乃駅ホームの駅名標

駅名標

時代を表わす駅の顔

当館の本館1Fに昭和30～40年代のなつかしい駅の情景を再現したコーナーがある。駅前には駄菓子屋、その横にはオート三輪の「ダイハツミゼットMPA」が停車し、駅舎の横には子供たちに人気だった「紙芝居屋」の自転車も停まっている。駅舎内に入ると今となってはレトロなベンチが置かれ、壁には貴重な情報手段として利用された伝言板と当時の映画ポスター。そして、木製の改札口を通りぬけてプラットホームに出ると日本初の特急用ディーゼルカーとして1960（昭和35）年にデビューしたキハ81形が停車している。そのプラットホームに設置されている駅名標も往時の様子が偲ばれる。

　この駅名標は、1966（昭和41）年に国鉄が制定した『鉄道掲示基準規定』を参考に展示用に製作したものである。

『鉄道掲示基準規定』とは、国鉄が駅や旅客列車、自動車、船舶等に掲出する広告、案内、業務ポスター、誘致ポスター等について作成方法や掲出方法、取り扱い方法等が記されたものである。駅名標の規定を見ると、掲出場所やそれに合わせた大きさ、デザインや色、字体やローマ字の記述方法等、事細かく指定されているのが分かる。これは、全国に統一したサービスを提供するという国鉄の考えに基づいたものであり、駅の利用者はもちろん、列車の中からでも情報が瞬時に読み取れるように工夫されたものだ。

当館では、様々な駅名標を当時を知る貴重な資料として収蔵している。それらは時代や掲出された場所によって様々な仕様で作られ、素材は、木製から金属製や樹脂製へと変化し、また、デザインは、筆で書かれたような字体からゴシック体へと変化し時代の流れが分かる。JR化後は、光を反射する素材が使われたり路線によってラインの色を使い分けられたり等、更に見やすくなるように工夫されている。

博物館で展示している様々な種類の駅名標と皆さんが普段利用している駅の駅名標とを見比べ、利用者に更に見やすく配慮・進化を続ける駅名標の違いを味わっていただきたいと思う。（島崇）

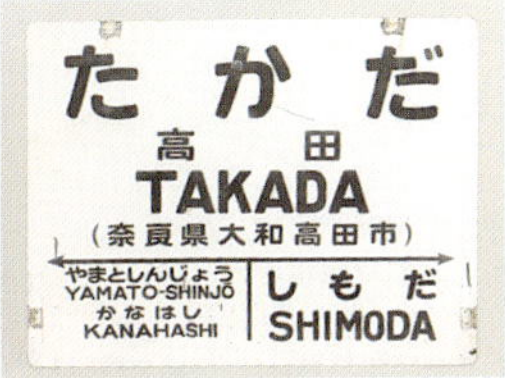

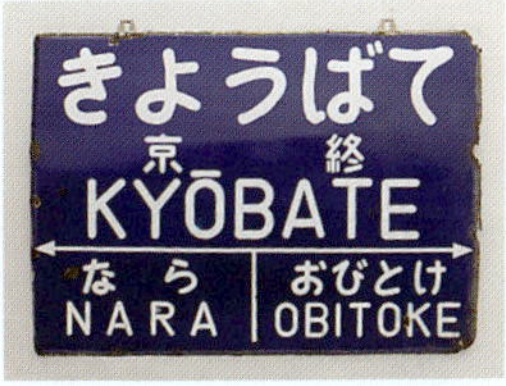

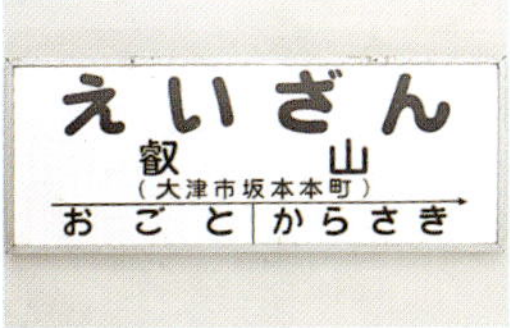

当館が収蔵する様々な駅名標
寺田町駅の駅名標は、大阪環状線の寺田町駅で保存されている

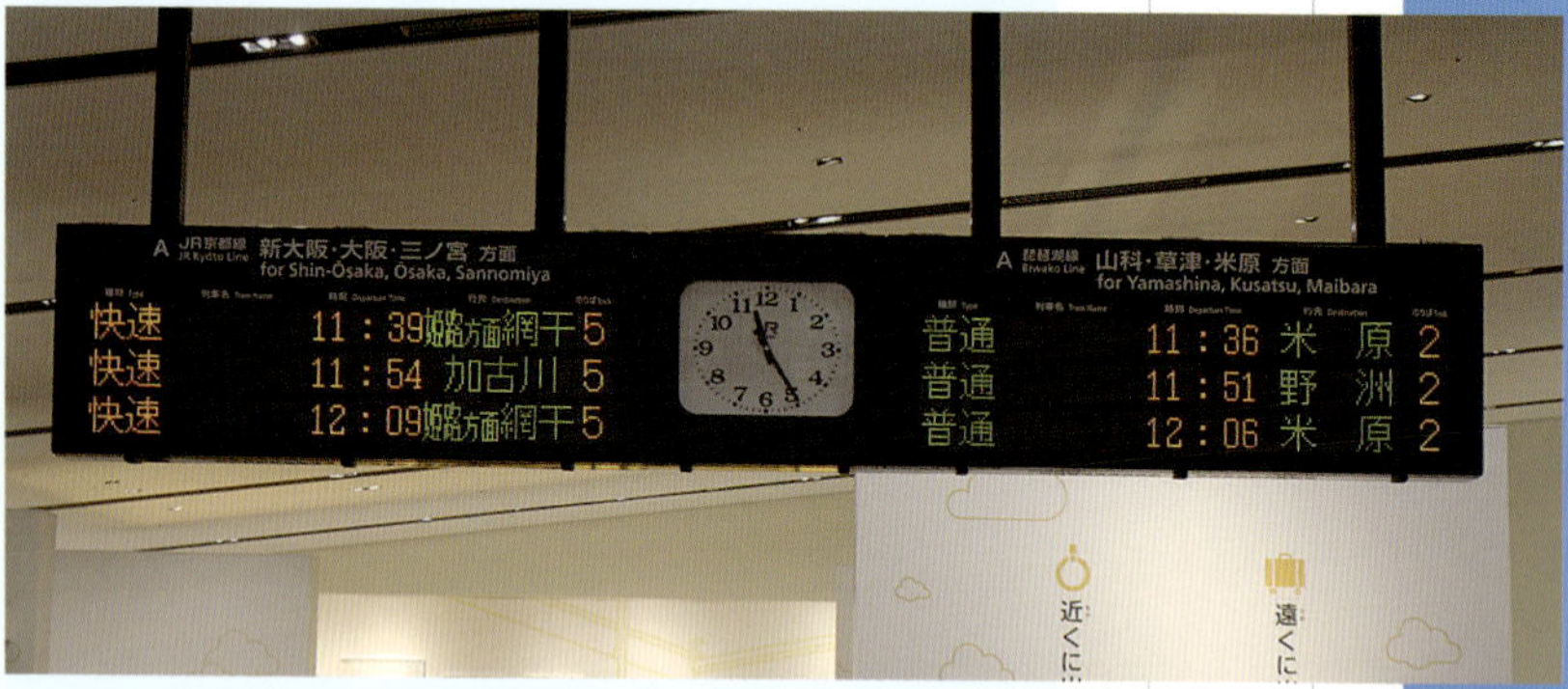

館内展示の電光掲示板子にも時計が組み込まれている

鉄道時計と駅時計

正確運行の必需品

「日本の鉄道は、時間に正確だ」という言葉をよく耳にする。その時間に正確な鉄道の運行のために、正確な時刻を刻む時計は欠かせない。普段私たちが列車に乗車する際に、駅で見かける時計のほか、運転士や車掌は懐中時計を携帯し、それらの時計は正確な時間を刻んでいる。鉄道にまつわる時計はどのような時計が使用され、どのように調整されているのだろうか。

駅の時計は、「親子時計」というシステムで動いている。ホームやコンコースで私たちが見かける時計は「子時計」とよばれ、それらの時計は、中央で一括制御されている正確な「親時計」と電気的につながっており、正確な時間を各所で常に表示できるようになっている。もっとも、デジタル技術が普及する前は、置時計が駅舎に設置されていたようである。

一方、昔から現在まで、運転士が懐中時計を使用する姿を目にしたことがある人も多いだろう。この時計はさまざまなメーカーから発売されてきたが、著名なものとして、1929（昭和4）年に国鉄初の鉄道時計に指定された精工舎製19型手巻き式懐中時計がある。この時計は、制度、視認性、過酷な環境下での耐用性などを兼ね備えており、鉄道の正確な運行を支えてきた。1978（昭和53）年になると、手巻きの必要がない電池式のクオーツ時計も登場するが、現在に至るまでデザインに大きな変更はない。このように乗務員は、昭和初期から誤差の少ない時計を使用してきた。さらに現在でも、出勤時や乗務前の点呼を受ける際には必ず、自らが使用する懐中時計と、時報によって精正された標準時計を用いて、時刻合わせを行う。これらのことにより、鉄道は時間に正確な運行を実現している。

（上田和季）

かつて駅には標準時計が設置されていた

セイコー製懐中時計
1973（昭和48）年

現在、展示室として利用されている旧二条駅舎（京都市下京区）
1997（平成9）年ごろ

旧二条駅舎

文明開化さなかの和風

現在、高架駅になっているJR山陰線の二条駅の開業は、約110年前の1904（明治37）年にさかのぼる。

高架駅になる以前の二条駅舎は瓦葺屋根が特徴的な木造2階建ての入母屋《いりもや》造建築。屋根には社寺建築などにみられるシビが両端に施されており、正面中央部には車寄せが張り出した形で設けられた和風建築の駅となっている。文明開化の機運が高まり、さまざまな洋風建築が建てられた時代の和風建築として、この駅舎は貴重な存在といえよう。

この建屋は、京都―園部間を開通させた京都鉄道の本社機能を兼ねており、創建時には二階が本社として活用されていた。天井換気孔など屋内外のあちこちに今も京都鉄道の社章を見ることができる。最も立派なものとしては、車寄せ屋根部分の中央に社章入りの鬼瓦が見られるのでぜひご注目いただきたい。

また、御所の最寄りで皇族が山陰地方に行幸する際の乗降駅であったため、駅の中には待合室として「貴賓《きひん》室」も設けられており、当時の資料には「特等待合室」と記されている。

また、二条駅舎は１９９０（平成２）年10月、二条―花園間の高架化事業に伴い、約３００トンの建物を２日間かけて東側に15メートル移動させる曳家工事が行われた。建物本体をレールと鉄製のコロの上に載せてジャッキで移動させる曳家工事の様子を、覚えている方も多いのではないだろうか。この工事に伴い、移転先の敷地制約に伴う建屋桁行７・３メートルが縮小され、仮駅舎として使用された後、高架化及び新駅舎が完成し、１９９６（平成８）年に約90年にわたった駅舎としての役目を終えた。

そして、同年4月1日に京都市指定有形文化財に指定され、旧梅小路蒸気機関車館に移築することとなった。移築解体に際しては、展示館としての役割を担うにあたって、創建時の意匠をできる限り復元整備するとともに、当時の構造基準に合わせた補強や展示館として運営する上での最低限の改変を施し、１９９７（平成９）年から梅小路蒸気機関車館の展示資料館として保存と活用が行われるようになった。

当館でもその展示の一部を引き継いでおり、C11形蒸気機関車のカットモデルや機関助士が訓練に使用した投炭練習機、設計のみが行われた幻の蒸気機関車C63形の模型、機関士の携行品など蒸気機関車関連の展示を行っている。何より、二条駅舎自体が明治期の駅舎建築を今に伝える生きた展示であるといえよう。

（遠山由希子）

二条駅の参考とされた宇都宮駅（昭和初期）

RTOが開設されていた当時の二代目京都駅
1949（昭和24）年頃

終戦直後の京都駅

RTO（鉄道輸送事務所）の設置

1945（昭和20）年8月に日本が終戦を迎えると、日本の占領（間接統治）を担当した連合軍のGHQは、連合軍の兵員・貨物輸送の監督や、連合軍専用列車の乗車券発行、休暇《きゅうか》軍人への旅行案内などを行う機関として、全国各地の主要駅・車両基地などにRTOを設置した。これにより、連合軍から日本の鉄道への伝達指令はRTOから通達が行なわれるようになったが、戦後の混乱が一段落した1949（昭和24）年以降は次第に廃止されていき、日本側の駅長に運営を委託した「補助RTO」に移行された駅などもあった。そして、サンフランシスコ平和条約が発効（連合国による占領終了、日本の主権回復）となる約一ヶ月前、1952（昭和27）年3月31日にRTOは全廃された。

京都駅の駅舎内にもRTOは開設され、婦人待合室がその事務所に当てられていた。RTOは駅の管理にも目を光らせ、連合国軍の上級将校が京都駅を利用する際には徹底した清掃を指示し、列車の到着一時間前にホームの水洗いが行なわれることもあったという。また、駅長は上級将校が乗車した専用列車の停車時や通過時には、深夜でも必ずホームで送迎しなければならなかったという。

（廣江正幸）

二代目京都駅焼失後の仮駅舎前
仮駅舎前に「RTO」の看板（写真中央）が設置されている　1950（昭和25）年12月

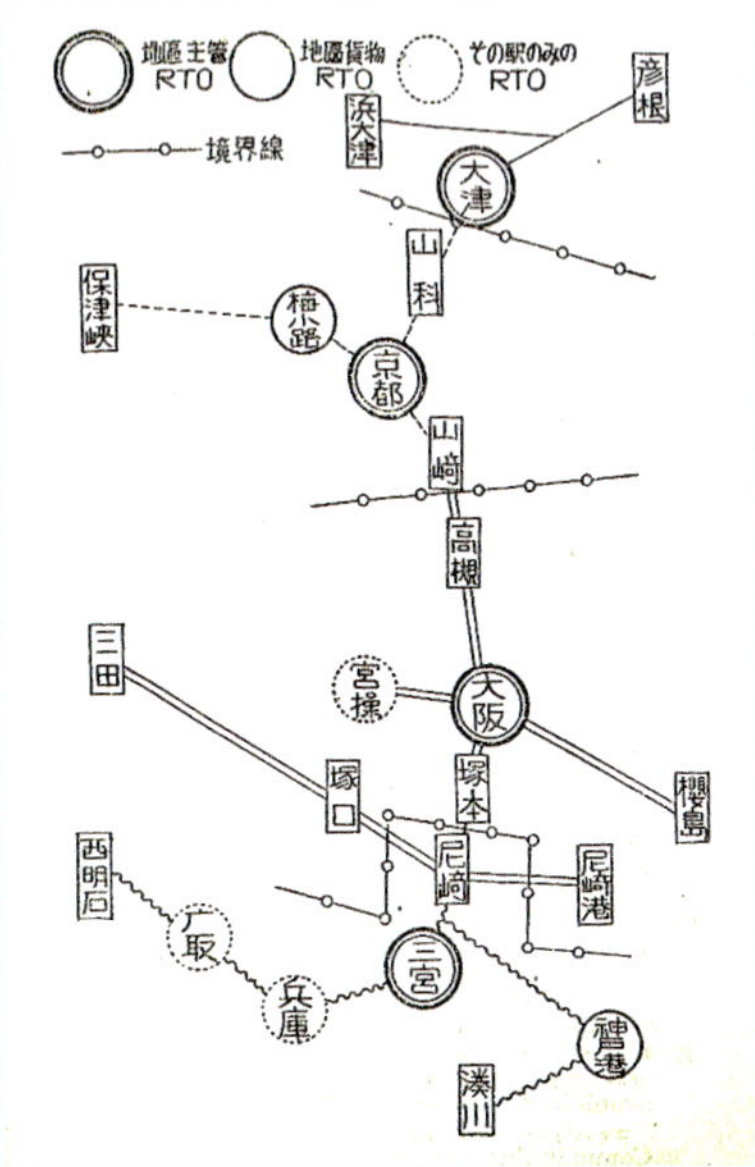

京阪神のRTO配置図
国鉄大阪管理部が1950（昭和25）年、乗務員用に発行した『運転手帳（甲編）』所収の配置図。京都駅には地区主幹RTO、梅小路駅には地区貨物RTOが設置されていた。なお、この手帳には連合軍関係者との応対も想定し、簡易英語会話や米軍の階級章・部隊一覧なども掲載されていた。

昭和20年当時のＧＨＱ（General Headquarters）組織図　※鉄道輸送に関わる部署のみ
総司令官 ― 参謀部 ― 第８軍 ― 運輸部 ― 第３鉄道輸送司令部（MRS）―》
》― 地区司令部（DTO）― 鉄道輸送事務所（RTO）

GHQ：General Headquarters（連合国軍最高司令官総司令部）
MRS：3rd Military Railway Service（TMRSの略称もある）
DTO：Division Transportation Office
RTO：Rail Transportation Office（資料によっては鉄道運輸司令部事務所などの日本語訳もある）
（日本国有鉄道『鉄道終戦処理史』を基に作成）

京都駅に停車する試運転中のお召列車。ホームの軒飾り（左上）がよく見える　1915（大正4）年

2代目京都駅の名残

一般客優先、意匠《いしょう》も柔らか

ルネサンス様式（15～16世紀のイタリアで生まれた端正で華麗な様式）風の優美な装飾が施された屋根や壁。リズミカルに配置された窓と大きな塔がアクセントとなって建物全体の佇《たたず》まいが引き締まって見える。一見するとヨーロッパの城のような雰囲気のこの建物は、1915（大正4）年に竣工した2代目京都駅である。

開業時に比べて鉄道の輸送量が増加した明治後期、これに対応するため駅舎の改築及びこれまで一つの駅で行っていた旅客駅と貨物駅の機能を分離する計画となった。

駅舎の設計は、渡辺節《せつ》が担当した。渡辺は、当館の扇形《せんけい》車庫《しゃこ》（重要文化財）として保存・活用している扇形の機関車庫の設計にも関わった人物である。当初の計画案では、駅は高架化する予定であったが、大正天皇の即位式が京都で行われることが決まり、駅の完成をこれに間に合わせる必要があった。このため、高架工事は中断され、駅舎も木造に変更されたのである。

京都駅は御所の最寄りでお召列車が停車する駅でもあったが、同時期に竣工した東京駅のように大通りに面した駅舎正面に貴賓室を配置するのとは異なり、市民が日常的に利用できる一般客用の玄関を駅舎の中央に配置したことが機能面の大きな特徴といえる。

一般客を最優先に考えられた2代目京都駅は、「権威」が絶対的であった当時としては、斬新な設計であった。

この駅舎は、1950（昭和25）年に焼失したが、現在でも2代目京都駅の名残を見ることができる。

当館の「トワイライトプラザ」の屋根部分のトラス構造は、2代目駅舎とともに誕生したホーム上屋の一部であり、当時の建築技術を現代に伝える貴重な資料でもある。また、レースを垂らしたような意匠の軒飾りは当時を再現したものである。この意匠は、現在の京都駅ホームでもその一部を見ることができる。さらにホームの柱やトラス構造などの一部には、2代目京都駅時代から使われ続けているものがある。

巨大な駅ビルを有する近代的な駅舎である現在の4代目京都駅。駅としての機能を追及した現在の駅舎建築の中に残る柔らかい曲線を用いた大正時代の意匠を発見すると、私たちにどこか暖かな印象を与えてくれるに違いない。

（島崇）

建築中の２代目京都駅

２代目京都駅の駅舎全景。塔をはさんで右側が貴賓室を備えた建物　大正初期

トラス構造を紹介すると共にトワイライトプラザの「上屋」として活用している

梅小路仮駅と梅小路駅

臨時停車場跡の周辺に貨物駅

梅小路仮駅で撮影された、関係者による記念写真
1911（明治44）年4月撮影、当館所蔵の写真帖から

1870（明治3）年、大阪―神戸間で鉄道建設が開始され、1874（明治7）年に開通した。京都―大阪間の建設も1873（明治6）年に始まり、1876（同9）年に大阪―向日町《むこうまち》間が完成。同年9月には、京都の大宮通塩小路西に大宮通仮停車場が開設され、京阪神間が鉄道で結ばれた。

そして、1877（明治10）年、七条通塩小路南に初代京都駅（七條停車場）が完成すると、仮停車場はその役目を終えた。

時代が下って1910（明治43）年には、仮停車場からほど近い梅小路の地に、梅小路信号所が設置された。信号所とは、信号機を取り扱うために設けられた場所である。

さらに1911（明治44）年には、東・西本願寺の大遠《だいえん》忌《き》（親鸞《しんらん》聖人650回忌）と、知恩院での遠忌法要（法然上人700回忌）に参拝する団体客専用の駅として、梅小路仮駅（梅小路仮停車場）が設置された。

これは、遠忌参拝の団体輸送によって京都駅が大混雑するのを避けるための対策であった。当初、遠忌の参拝者は全体で60万人程度と見込まれていたが、実際には100万人を超えていたともいわれる。

この仮駅の所在地は現在の梅小路公園周辺だったと考えられているが、明確な位置は判然としていない。大宮通仮停車場の跡地などを利用したともされるが、詳細は定かでない。当初から期間限定の臨時駅として開設され、遠忌終了後に閉鎖されたこともあり、同駅に関する史料が乏しいためである。

なお、梅小路公園の東（梅《ばい》逕《けい》中学校の跡地付近と推定される）には、現在の山陰本線の前身である京都鉄道が1897（明治30）年に開業し、1911（明治44）年に廃止となった大宮駅も所在した。

その後、大正時代に入ると、それまで旅客と貨物を取り扱っていた京都駅から貨物が分離され、1913（大正2）年、梅小路周辺一帯に貨物専用の駅として梅小路駅が開設された。

同駅は1987（昭和62）年の国鉄民営化に伴って日本貨物鉄道（JR貨物）の駅となり、1990（平成2）年に下京区頭町へ移転した。移転後の跡地が現在の梅小路公園周辺である。そして、2011（平成23）年に京都貨物駅に改称され現在に至っている。

当館では、梅小路駅関連の展示品として、1930（昭和5）年発行の鳥瞰図《ちょうかんず》「梅小路駅を中心とせる京名所御案内」を展示している。約90年前の当館周辺の様子を知ることができるこの資料を、来館の折にはぜひ、見学していただきたい。

（廣江正幸）

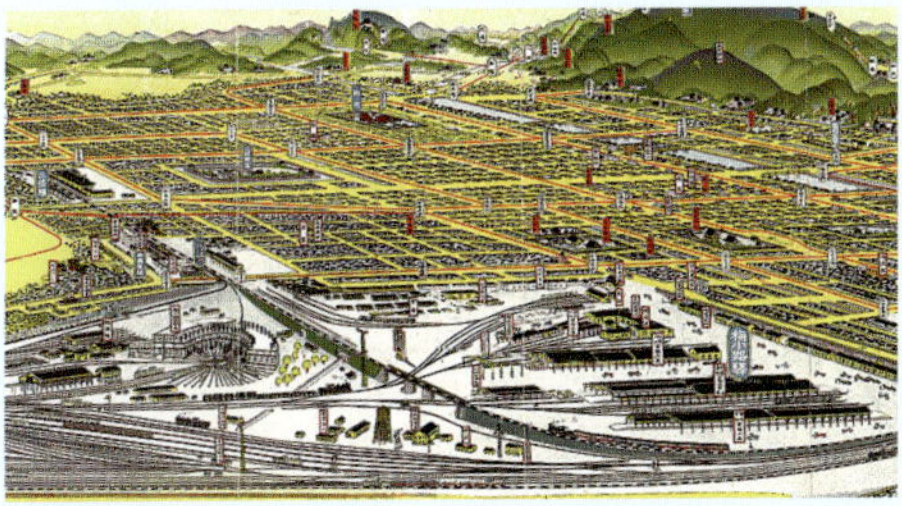

鳥瞰図「梅小路駅を中心とせる京名所御案内」（部分）。昭和初期の同駅周辺の様子が描かれている＝1930（昭和5）年発行

移転前の梅小路駅の遠景。中央付近が同駅、手前は梅小路蒸気機関車館（現・京都鉄道博物館）＝昭和50年代撮影

京都駅で鉄道院の制服制定を記念して撮影された集合写真（1910（明治43）年撮影）

鉄道員の制服

職種や階級区別、時代で変遷

学校、部活動、職業。その選択が「制服」によって左右された、という人もいるのではないだろうか。制服は所属や立場を表すシンボルの一つであり、往々にして憧れの対象となる。鉄道職員の制服もまた、その一つと言えるだろう。

最初に鉄道職員用の制服が定められたのは1872（明治5）年、品川―横浜間が仮開業した頃だった。当時の鉄道を管轄していた工部省は「鉄道寮運輸掛《かかり》員服制」に基づき、駅長・車長（車掌）・改札方・守線副長・シグナルメン（信号掛）・ポイントメン（構内掛）の6職種の制服を個別に定めた。

1906（明治39）年、「鉄道国有化法」により全国の私設鉄道17社が国有化され、職員数が約2万9千人から約5万9千人へと大幅に増加した。

その当初は国有化前の各社

の制服が引き続き着用されていたが、１９０９（明治42）年に「鉄道院職員服制」が制定され、統一化が図られた。このときの制服は軍隊に準じた階級色の強い制服であったが、歴代の鉄道職員制服の中では最も華やかな時代でもあった。

１９４５（昭和20）年に終戦を迎えると、階級で区別されていた制服は廃止となり、明るい印象のものへと変更された。１９４９（昭和24）年の日本国有鉄道発足時には職種などによって異なる７種類の制服が、さらに１９６４（昭和39）年の東海道新幹線開業時には新幹線用の制服も新たに制定された。

１９８７（昭和62）年にＪＲ７社が発足して以後は、会社ごとに制服が順次制定されてきた。ＪＲ西日本の制服は現在、接客服・技術服・検修服の３種類がある。徽章《きしょう》は役職によって変わり、袖章や胸章、帽章などで管理職と一般職が区別されている。

このように、従事する業務ごとにその形状が違い、役職などを徽章で識別する方法は、ＪＲ各社においてほぼ共通で、鉄道創業期から現在まで踏襲されてきたと言える。

ＪＲ７社は今春で30周年を迎えた。東海・西日本・九州の３社はこれに合わせて社員用制服を一新し、「安全」「信頼」「洗練」など各社独自のコンセプトを打ち出している。

当館では鉄道車両の技術や歴史だけでなく、鉄道職員として活躍してきた人々についても知ってもらえればと、工部省・鉄道院・鉄道省・国鉄・ＪＲ西日本・ＪＲ貨物の制服や徽章の実物と複製、また関西私鉄５社の制帽などを常設展示している。これらを通して、鉄道員の制服の変遷をたどってみてほしい。（久保奈緒子）

「鉄道のあゆみ」コーナーで展示している鉄道員の制服。鉄道開業時からＪＲ各社発足まで、各時代の制服がそろう（本館１階）

硬券のA型サイズ用（中央右）とD型サイズ用（同左）の印刷機

乗車券

硬券《こうけん》パチン、記憶の中に

鉄道を利用する際、自動改札で「ピッ」とICカード乗車券をかざす光景がよく見られる。しかし、改札口で駅員が「カチカチカチ」と専用の鋏《はさみ》を打ち鳴らし、硬い乗車券にパチンと切り込みを入れる光景を記憶している人も多いだろう。

この硬い厚紙製の乗車券は硬券と呼ばれ、１８７２（明治５）年に日本で鉄道が開業した当初から使用されていた。日本の鉄道技術の多くは鉄道発祥の地であるイギリスから学び、車両やレールなどと同様に、乗車券の印刷機や用紙もイギリスから輸入されていた。

日本の乗車券は、イギリスのエドモンソン氏が考案した、横５・７５センチ、縦３センチのA型（エドモンソン型）と呼ばれるものが基本となり、その他にも大きさによってB

型、C型、D型があった。A型サイズの乗車券は、現在も多くの場面で使用されている。

全国の駅で使用されていた硬券は、専用の工場で製造され、昭和初期には全国に9カ所の専用工場が設けられていた。工場ではまず大きな厚紙に地紋を印刷し、専用の裁断機で各サイズに裁断した後、印刷を行った。そして検査を経たうえで、専用の輸送箱で各駅へと運ばれた。

当館ではA型とD型の硬券印刷機、自動こん包装置付きの硬券印刷機、裁断機などを展示している。また、工場での工程や乗車券の発達についても併せて紹介している。

時代とともに乗車券も、自動券売機で購入できる磁気記録式のものや、磁気カード乗車券などに様変わりしていった。2008（平成20）年に販売を終了したJR西日本のJスルーカードや、同様に2013（平成25）年に販売を終えたオレンジカードなどは記憶に新しい。

オレンジカードは事前に一定額のカードを購入することで、自動券売機で小銭を用意しなくても乗車券が買えた。Jスルーカードも同様に事前にカードを購入するが、そのまま自動改札機や自動精算機に直接投入して乗車券として使用できるという利便性で人気を博した。

さらに、2001（平成13）年からJR東日本が関東の主要駅で利用を開始したICカード乗車券は全国に普及し、現在も私たちの日常の風景にすっかり溶け込んでいる。

一方で、硬券を目にする機会は格段に減った。いつの間にか消えてしまう光景や、それらを生み出していた技術を伝えていくためにも、当館では硬券印刷機の一部を動く形で保存している。（飯田一紅子）

改札鋏を使う駅員（昭和30年代）

館内に展示されているさまざまな乗車券

自動こん包装置付き硬券印刷機（右）と硬券用裁断機

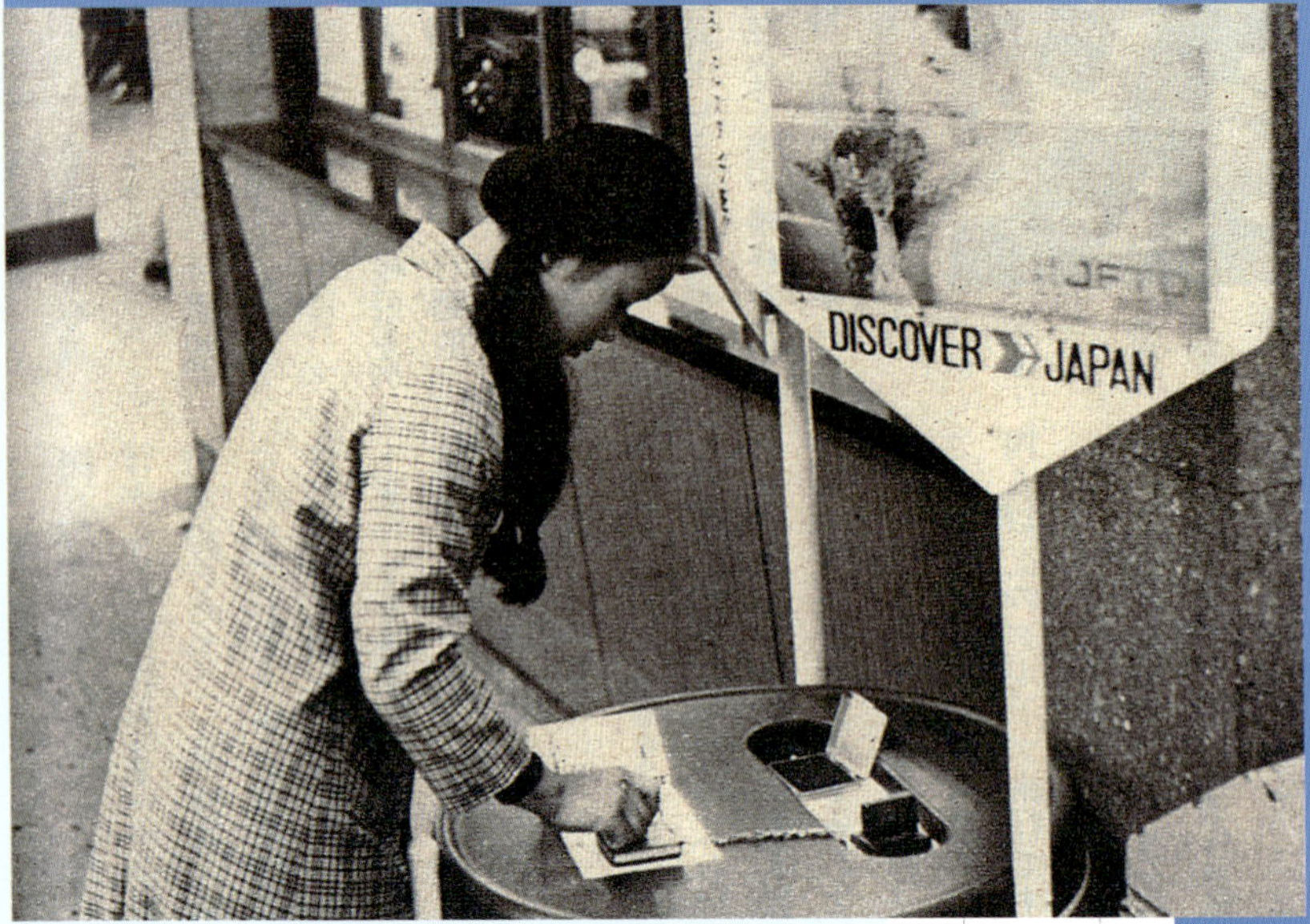

ディスカバージャパン（国鉄のキャンペーン）のスタンプを押す駅利用者
＝国鉄広報部編「R」昭和46年2月号より

駅スタンプ

福井駅発祥《はっしょう》、全国に拡大

鉄道の旅には、車窓からの景色、旅先での食事や車内で食す駅弁、各地を巡る観光など、様々な楽しみ方があるが、手軽に思い出を形として残すことができるものに駅スタンプの収集がある。

駅スタンプは設置駅周辺の、その土地を代表する名所旧跡や風景・風俗などが、十数センチ程度の円や四角などのわずかなスペースで表現され、旅の記念として各地の駅に設置されている。また、近年では主要駅を巡ってスタンプを集めていくというスタンプラリーなども各地で開催されて

博物館で紹介しているスタンプ各種

いる。
日本で初めてスタンプを設置した駅は、1931（昭和6）年に設置した北陸本線の福井駅であったと言われている。当時は、東海道本線の東京―神戸間で特急「燕《つばめ》」の運転が1930（昭和5）年に開始され、1932（昭和7）年には大阪近郊路線の電化が開始されるなど、主に幹線や大都市圏を中心とした旅客輸送サービスの改善が図られ、鉄道省は鉄道利用の促進を目的としたスキーや行楽などのPRも行っていた。

福井駅においても、北陸本線の米原―直江津間が1913（大正2）年に全通し、関西・中部地方と日本海側の各都市が結ばれたことによって旅客・貨物の輸送量が増大し、重要な拠点駅に位置付けられるようになっていた。

こうした中で、郵便の日付印を一まわり大きくしたような5センチ程度の円形で、デザインに福井駅をあしらったスタンプを駅に設置したところ、これが好評を博したため、翌年には他の駅でも日付入りで、観光名所などが描かれた駅スタンプが置かれるようになり、次第にこれが全国へと普及していった。

当館の本館2階「今の駅、昔の駅」では、1970（昭和45年）から国鉄が個人旅行の増加を目的として開始した観光キャンペーン「ディスカバー・ジャパン」（ディスカバーとは英語で「発見」を意味する）で使用された駅スタンプなどを紹介している。

駅スタンプは、全国各地の名所旧跡や時代性などを垣間見ることができる。鉄道を利用した旅行に出かけた際は、楽しみの一つとして駅スタンプを集め、思い出としてみてはいかがだろうか。

（吉田和博）

京都駅

信越線
豊野駅

大阪市営地下鉄
中央線
弁天町駅

赤穂線
播州赤穂駅

伯備線
新見駅

宗谷本線
稚内駅

「大阪発札幌へ、贅沢な旅の時間が走り出すトワイライトエクスプレス」
車内広告　1990（平成2）年頃発行

鉄道と観光

鉄道の発達とともに多様化

旅行に行く際に準備するものには、何があるだろう。観光地を探し、行き先の情報を調べ、その地の歴史や名物などを知り、宿を決める。その後、目的地までの移動手段としてや旅行中に鉄道を利用する人も多いのではないだろうか。

江戸時代、庶民の間で寺社参詣を目的とした「旅」が流行した。当時の旅は周遊型で、人々は往復路にある多くの寺社や名所旧跡、温泉などを楽しむため、一生に一度の長旅を楽しんだ。1872（明治5）年に鉄道が開業して以降、列車に乗って行楽地に向かうという旅のスタイルは、江戸時代から続く参詣ブームによって確立したと言われている。明治期に創業した大手私鉄の中には、沿線の寺社への参拝客輸送を足がかりに大きく飛躍した事例も多い。また、箕面有馬電気軌道（現在の阪急電鉄）のように、電車営業を繁盛させることを目的として、沿線の宝塚に新温泉を開業し、少女歌劇団の公演を行って利用客を生み出したケースもある。このように鉄道創成期には、人々は既存の温泉地や景勝地、鉄道会社によって創出された行楽地に向かうために鉄道を利用し、旅行を日常的に楽しむようになった。

江戸時代の旅は、団体での移動が基本だった。それは鉄道旅行の時代が始まっても変わらず、１９００年代からは回遊列車と呼ばれる団体旅行列車が各社で運行されるようになった。私設鉄道では１８９２（明治25）年に日本鉄道の「日光回遊列車」、官設鉄道では１９０２（明治35）年に「京都回遊臨時列車」が運行され、好評を博したという。

大正時代に入り、普及した鉄道旅行は、戦時中は一旦下火になったが、１９５０年代半ばになって次第に復調の兆しを見せ始めた。そのため、各鉄道会社は次々と新型の特急専用列車を走らせ、国鉄では１９６４（昭和39）年に東海道新幹線を開業するなどして、輸送力の強化とともに移動の快適性にもこだわりを見せるようになった。しかし、１９７０年代頃からは自家用車や飛行機など、他の交通機関の発達によって旅客は減少し始め、各鉄道会社は新たな活路として列車自体の魅力を高める方向に進むようになる。国鉄では１９８０年代から「サロンエクスプレス東京」、「サロンカーなにわ」といったジョイフルトレインと呼ばれる観光客用の特別列車や「トワイライトエクスプレス」、「カ

「みのお電車御案内」リーフレット　箕面有馬電気軌道　1917（大正6）年発行

「最新鉄道旅行図」駸々堂旅行案内部　1933（昭和8）年発行

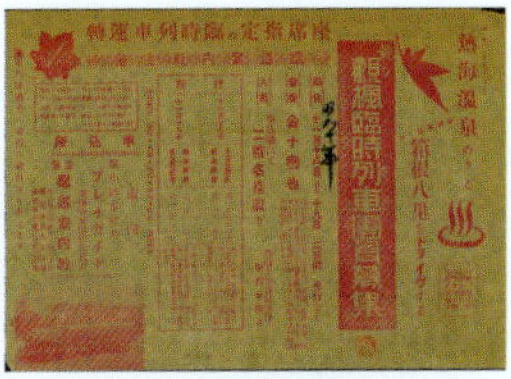
「観楓臨時列車団員募集案内」リーフレット　鉄道案内社　1935（昭和10）年発行

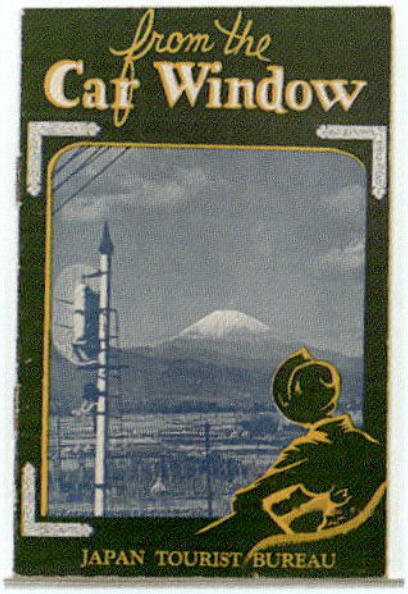

「From the Car Window」パンフレット　ジャパン・ツーリスト・ビューロー　1935（昭和10）年発行

「東海道新幹線観光モデルコース」パンフレット　日本国有鉄道大阪鉄道管理局　1965（昭和40）年発行

シオペア」といった豪華寝台列車を運行し、乗ってみたい列車として多くの人々の憧れの存在となった。これが今に続く「観光列車」や周遊型豪華寝台列車「クルーズトレイン」の礎となっている。

近年、ブームが続くクルーズトレインは、JR九州が2013（平成25）年に「ななつ星　in九州」を運行したことに始まる。このクルーズトレインの人気に象徴されるように、日本の鉄道と旅・旅行・観光との関係は、各時代の人々のライフスタイルの変化や、価値観の多様化によって、その都度新たに生み出されてきたものといえるだろう。

（加藤沙織）

①

②

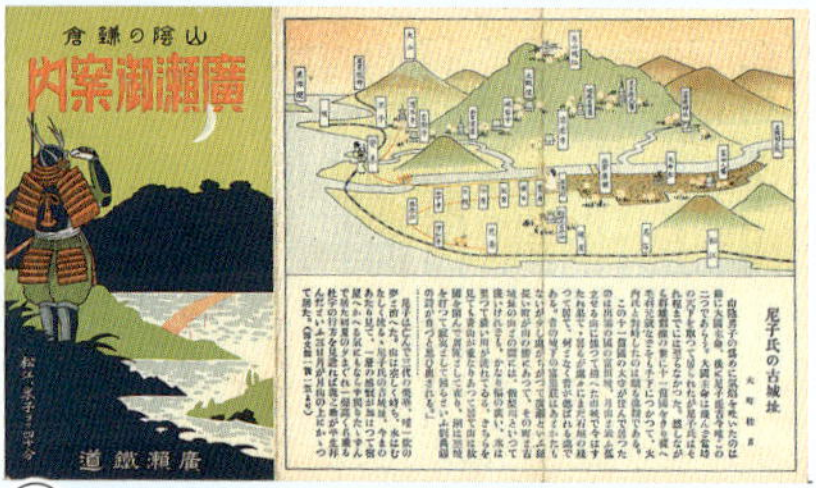

③

④

⑤

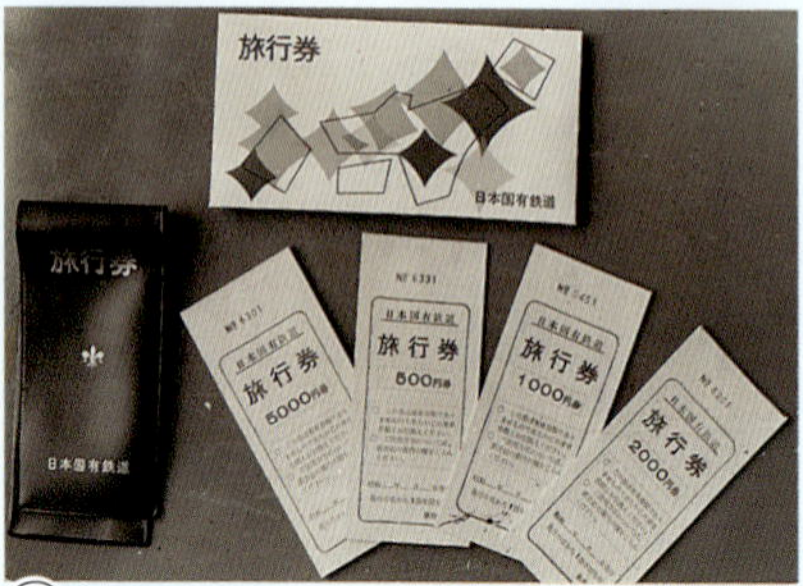

⑥

⑦

①「鉄道旅行案内」書籍　鉄道院　1917（大正7）年発行
②「東海道汽車の旅　旅行の友」パンフレット　古今堂書店　1918（大正8）年発行
③「山陰の鎌倉　廣瀬御案内」リーフレット　廣瀬鐵道　発行年不明
④「修学旅行電車」パンフレット　汽車製造株式会社東京製作所・日本車輌製造株式会社東京支店　1959（昭和34）年発行
⑤「ミステリー列車記念乗車券・鉄道開通99周年記念心のふるさとを結ぶSLの旅」　1971（昭和46）年発行
⑥「旅行券」日本国有鉄道　発行年不明
⑦「愛のペアきっぷ」釧路鉄道管理局　発行年不明

鉄道設備　信号・保線

（右）入換標識と進路表示機（1960年頃撮影）（左）腕木信号機（1960年頃撮影）

鉄道信号機

停止や進行を運転士に伝達

鉄道の信号機は、列車や運転士に「止まれ」「進め（進んでよい）」など条件を示すものである。線路沿いと、列車内に設置される2種類があり、技術の発達とともに動きで表すものから、色による表示へと進化した。今回は線路沿いの信号機に焦点を当てる。

最初の信号機は、赤い板を取り付けた柱を回転させることにより、その赤い板が見えるか見えないかで「停止」や「進行」を表す「機械式」で、1834年に英国で誕生した。

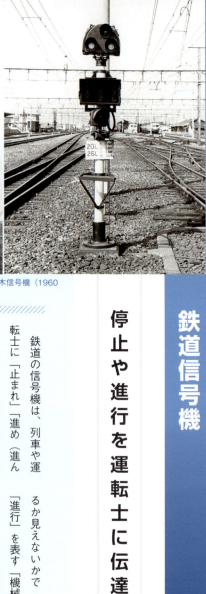

1841年には、柱に取り付けた腕木が直角なら「停止」、斜めなら「進行」を意味する「腕木式」が登場し、日本では鉄道開業時からこれを使用した。

現在のような「色灯式」になったのは、1924（大正13）年。東京駅で初めて使われ、「進行」「注意」「停止」を緑、黄、赤の3色で表した。色灯式は3色以外にもあり、色の組み合わせによって制限速度なども知らせることができる。

信号機にはさまざまな種類が存在し、それぞれが異なる役割を担っている。

一定の防護区間を持つ信号機を「主信号機」、主信号機の手前に設置され次の信号を予告するものを「従属信号機」と呼ぶ。また主信号機に取り付けられ、分岐点でどこに進むか表示するものを「信号付属器」という。

主信号機はいくつかの種類に分けられる。

まず列車が入る駅の手前にあり、駅に入ってよいかを伝える「場内」。列車が出る駅の後方にあり、駅から出てよいかを示す「出発」。閉塞区間の境目にあり、次の区間に入ってよいかを表す「閉塞」。そして、列車の連結・切り離しが行われる駅などにあり、もう一つ列車が入ってよいかを知らせるのが「誘導」である。

他方、従属信号機は見通しが悪く主信号機を遠くから確認できないところで使われる。

例えば、主信号機と全く同じ内容を伝達する「中継」や、場内信号機の手前に設置されその場内信号を予告する「遠方」などがあり、地理条件などによって使用される信号機は異なる。

当館では、腕木式や色灯式の他にも、貨車の入れ替えなどを行うところで使用されている信号機や、停車場や車両基地での列車の入れ替え作業時に使われる信号機なども展示している。ぜひ、ご覧いただきたい。　（遠山由希子）

合図用の手旗を持つ鉄道員
信号機ではなく職員による合図もある

京都鉄道博物館で展示されているさまざまな信号機

3代目歌川広重作の「八ツ山下鉄道之夜景」に描かれている木製踏切（「東京開化三十六景」より、明治初め）

踏切《ふみきり》

道路との交差、危険を減らす

線路の敷設に当たって、道路との交差は避けることができない。道路と線路を平面交差させる際に設置されるのが踏切である。

踏切の歴史は1872（明治5）年、日本初の鉄道開業とともに始まる。当時は土木技術が発達しておらず、また経済資本に乏しく立体交差化が難しかったため、道路と線路が平面交差する箇所が数多く生じ、踏切も各所に設置されることとなった。

明治初期から踏切の危険性は認識されており、交通量の多い踏切には道路と線路を遮断するための門扉、現在の遮断機が設置されていた。今とは異なり、当時は線路を常に門扉で閉鎖し、列車が近づいた時だけ係員が道路側に門扉を移していたようだ。

その後、1887（明治

20）年ごろからは、列車の接近とともに道路を閉鎖する現在の方式に変わったとされる。そして大正時代末期には、列車の接近を知らせる踏切警報機の試験が始まり、１９３０（昭和５）年からは、音と光を発する警報機の採用が決定された。

昭和30年代になると、それまで列車の接近に合わせて手動で操作していた遮断機に替わり、自動式の遮断機が採用され、警報機と遮断機を備えた、現在の主流である踏切（第１種踏切）の原型ができあがった。

このように踏切は列車を運行する上で重要な存在であり、第１種踏切をはじめ、遮断機のない第３種踏切や、遮断機も警報機もない第４種踏切も合わせると、２０１６（平成28）年現在で日本全国に３万３千カ所ほど存在する。なお、踏切警手を一定時間、配備する第２種踏切は現存していない。

一方で、踏切は鉄道事故が多く発生する場所でもある。安全性を向上させるためには、線路・道路の高架化や地下化といった立体交差が有効だ。このため、現行法は踏切の設置を厳しく制限しており、都市部では立体交差化も進められているため、今後、踏切の数は徐々に減少していくと考えられる。

また、残る踏切も安全対策の強化が進められている。当館１階には、折れにくい遮断かんや、視認性の高い踏切警報機が採用された現行の踏切が展示されており、実際に作動させることができる。

踏切内の自動車などを検知するセンサー、乗務員に危険を知らせる特殊信号発光機などに加え、踏切内でトラブルが発生した時に押す非常ボタンも作動する。来館の折りには、正しい踏切の渡り方を確認するとともに、万が一の時の対応も体験していただきたい。（上田和季）

第４種踏切

踏切警手と子どもたち（昭和30年ごろ、場所不明）

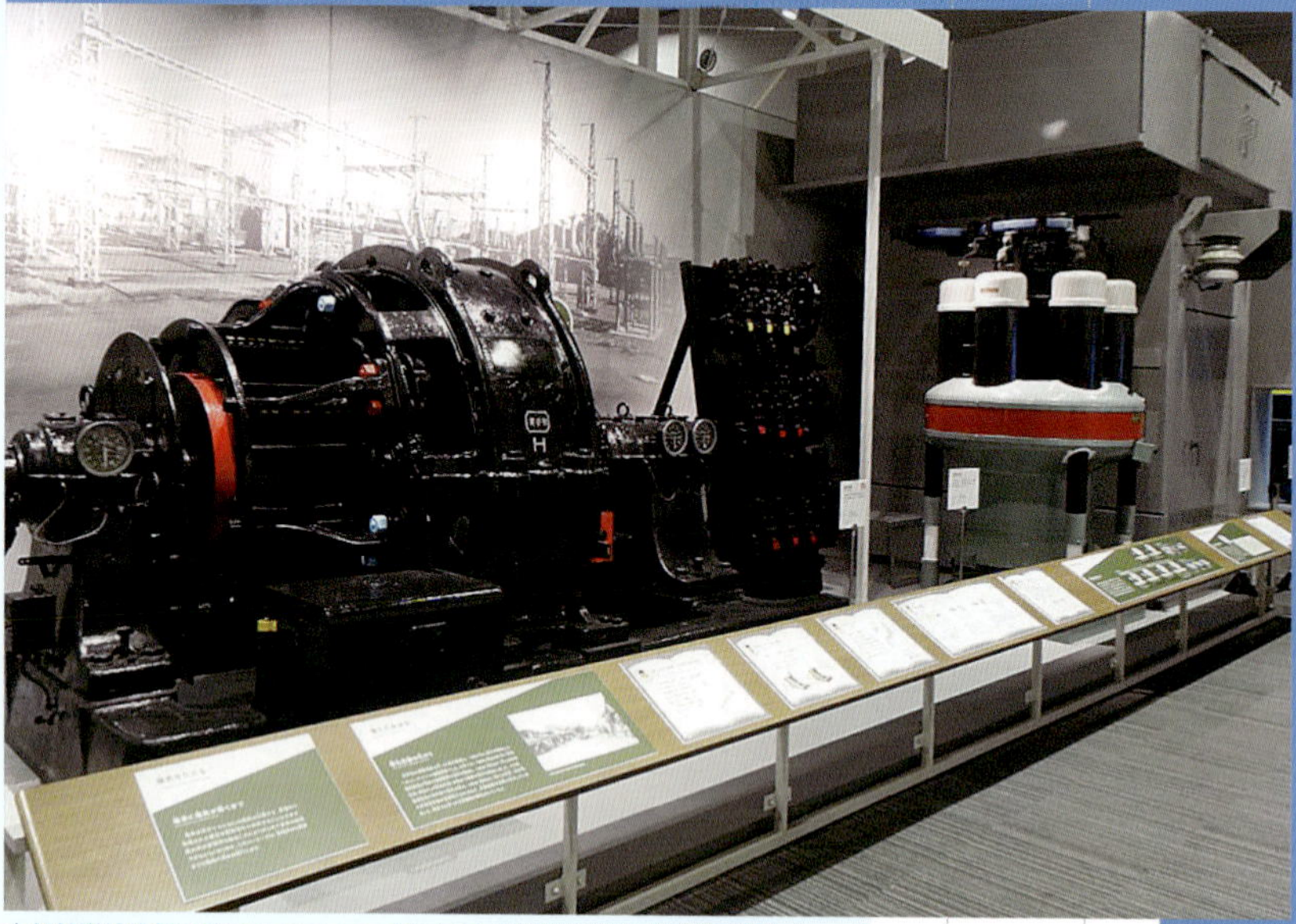
京都鉄道博物館で展示されている（左から）回転変流機、水銀整流器、シリコン整流器

変流機・整流器

電気の〝カタチ〟変え使用

　私たちの身近にあって、便利に姿を変える「電気」。鉄道でも、駅の照明や自動改札機、信号や踏切、電車の動力など多くの場面で電気が使われている。

　電気には直流と交流の2種類がある。そこで思い浮かぶのは、学校で習った電流や電圧、電力を求める公式や、豆電球を点灯させるための回路などではないだろうか。

　これらは電気が姿を変える時のルールで、電気のもともとのカタチが「直流」と「交流」なのだ。直流は電圧と電流が一定で直線で表され、交流は電圧も電流も変化するため、波形で表される。

　発電所でつくられる電気は交流で、電気を遠くへ送るのに適しており、各家庭へも交流で送られている。家電製品は全て交流で動くわけだが、テレビやパソコンなど電圧・電流が一定でないと動きが悪くなったり、ノイズが入ったりする製品は、交流から直流に変換したり、電圧を下げたりする機能が付けられている。

鉄道に使用される電気もさまざまな電圧・電流を必要とする。そこで鉄道会社は、電力会社から直接電気を買い取り、自社で電気のカタチを変えて使用している。

当館1階「鉄道の施設」で展示している回転変流機、水銀整流器、シリコン整流器などは、鉄道会社の変電所で使われた。鉄道会社の変電所では、交流から直流に電気のカタチを変えたり、電圧や電流を調整したりしている。

このうち回転変流機は、1934（昭和9）年に阪神間で電車が運行されることになった際、新設された兵庫県の芦屋変電所（芦屋市）で使用された。機械的に交流から直流に変換する装置で、理論的に直流から交流への変換も可能。現存する回転変流機としては貴重で、準鉄道記念物にも指定されている。

また、水銀整流器は水銀アーク放電を利用して交流から直流に変換する装置。水銀アーク放電は真空の容器内に水銀を陰極、黒鉛などを陽極として電気を流すと、電圧反転時に電気が流れないという性質を利用している。当館の水銀整流器は1985（昭和60）年まで滋賀県の河瀬変電所（彦根市）で使われていた。

そして、シリコン整流器はシリコンダイオードを利用して、交流から直流の変換を可能にした装置。展示品は1987（昭和62）年まで滋賀県の篠原変電所（近江八幡市）で使用され、シリコン整流器としては初期のものである。

これら鉄道の電化を支えてきた証人たちを、ぜひ見に来ていただきたい。（藤平由夏）

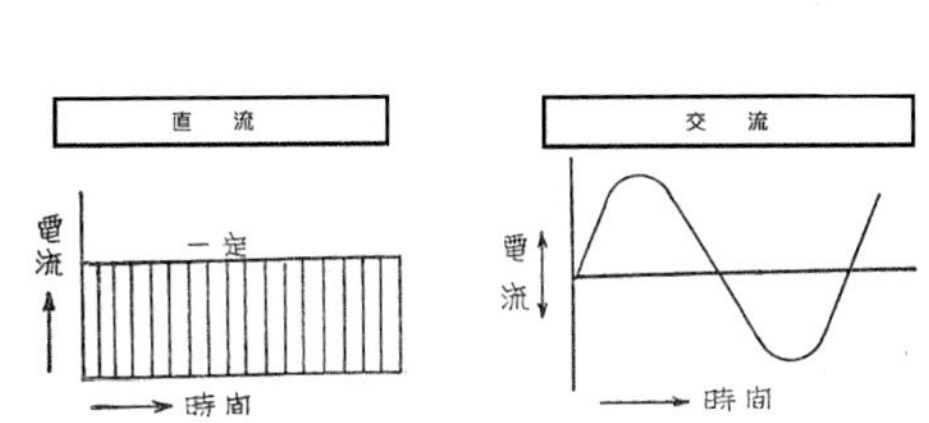

直流と交流の解説図

当館の体験用軌道自転車

軌道自転車《きどうじてんしゃ》

保線用の作業車

軌道自転車は、保線作業に用いられる人力駆動の作業車である。災害時の線路巡回や、軽作業の移動、運搬などに使用されている。通常は前進一方向で、方向転換時には人力で持ち上げて回転させる必要があったが、前進・後進が可能な車両も開発されている。

当館では、本館1階『鉄道の施設』の「線路を構成する設備」に再現敷設された軌道を、軌道自転車（体験用に設計・製作）に乗って実際に走行できる軌道自転車体験を実施しており、隣接する「検査や修繕を助ける車両」では実物の軌道自転車も展示している。また、勾配用の補助エンジンを搭載した軌道自転車もあり、こちらは扇形車庫内にて展示している。この他、実際の保線作業ではレールスター、レールスクーター、レールカートなどとも呼ばれたエンジン駆動の軌道自動自転車も使用されていた。現在の保線作業では、軌道自転車が使用されることはあまりなく、軌道自動自転車、線路と一般道路の両方を走行することができる軌陸車《きりくしゃ》、作業用機械である軌道モーターカーなどの使用が一般的である。なお、近年では廃線の活用策として、来訪者に路線を走行しながら沿線風景を楽しんでもらうことを目的として、観光事業などで軌道自転車（レールバイク）が使用されている事例もある。

（廣江正幸）

軌道自転車（加悦SL広場）
撮影：岡田義昭 氏、1995（平成7）年

当館の扇形車庫で展示している補助エンジン付きの軌道自転車

軌道自動自転車
国立国会図書館蔵『内外品使用成績比較調 土木工事関係ノ部』（鉄道省国産品使用奨励委員会 編、1930（昭和5）年）より。鉄道省が発注した三人乗りの車両。

本館１階で展示している軌道自転車

100式鉄道牽引車
日本陸軍鉄道連隊が使用した軌道自動車（機陸車とは異なる）。戦後は国鉄などに譲渡され、保線や車両入換などで使用されていた。撮影：1956（昭和31）年

駅構内に積もった雪を人力で除雪する様子（1961（昭和36）年頃）

自然とたたかう

日進月歩の雪害対策

2017（平成29）年は豪雨、台風と、日本各地が様々な天災に見舞われた。関西の鉄道への被害としては、台風21号の強風によって湖西線の架線柱が折れ、大雨によって関西線では盛土ののり面が崩壊し、続く台風22号の大雨では、河川の増水で橋脚の土台周りがダメージを受けて橋脚が傾くなど、鉄道施設が大きなダメージを受けた。

列車の安全な運行には、雨、風、雪、雷、地震、落石といった自然の力が常に立ちはだかっている。昨今はゲリラ豪雨や豪雪など局所的に天候が悪化することもあり、事前に適切な対策を講じることは容易ではない。

予測ができない自然現象も多い中、季節の移り変わりとともに必ず訪れる「雪」は、比較的予測がつきやすく、ある程度備えることができる自然現象でもある。日本ではいわゆる「豪雪地帯」に敷設されている線路も多く、雪害に対しては対象地域の線路設備や車両を中心にさまざまな工夫が施されてきた。

除雪装置を装着したDD14形ディーゼル機関車（1961（昭和36）年頃）

　線路設備の対策としては、線路内への雪の堆積を防ぐ温水シートの敷設、走行中の車両の車輪についた雪を溶かすための融雪スプリンクラーの設置、凍結によるポイントの不転換を防ぐためのポイント融雪器の設置などが挙げられる。東海道新幹線では米原付近の降雪が特に多く、運行に支障が出やすいため、前述のような装置を設置するほか、車上カメラや地上カメラで雪の舞い上がりや車体下部の状態の確認なども行っている。

　車両設備の対策としては、車体下部の機器への雪の付着や凍結を防ぐための雪除けカバーの設置、線路上の雪をはね飛ばす除雪板（スノープラウ）の先頭車前面への取り付けなどがある。１９８２（昭和57）年、東北新幹線の開業と共に登場した２００系新幹線電車には、こうした車体への雪対策がふんだんに取り入れられていた。

200系新幹線電車

　線路上に降り積もった雪は、除雪車が除雪を行う。除雪車には雪を集めるロータリー車と、雪を線路外へ飛ばすラッ

セル車があり、かつては蒸気や電気を動力とする機関車の先頭部分にロータリーやラッセルのヘッド部分を取り付けて使用するのが一般的であった。

２０１４（平成26）年にはＪＲ化後初となる新型の除雪車キヤ１４３形が北陸本線を中心に投入された。この除雪車は、単線・複線の両方に対応しているほか、最新のディーゼルカーと同じしくみを導入しているため、メンテナンスや運転士の確保といった運用面での扱いやすさも向上している。

予測を超える自然の猛威に対して、安全を守るための技術もまた日々進化し続けている。


（久保奈緒子）

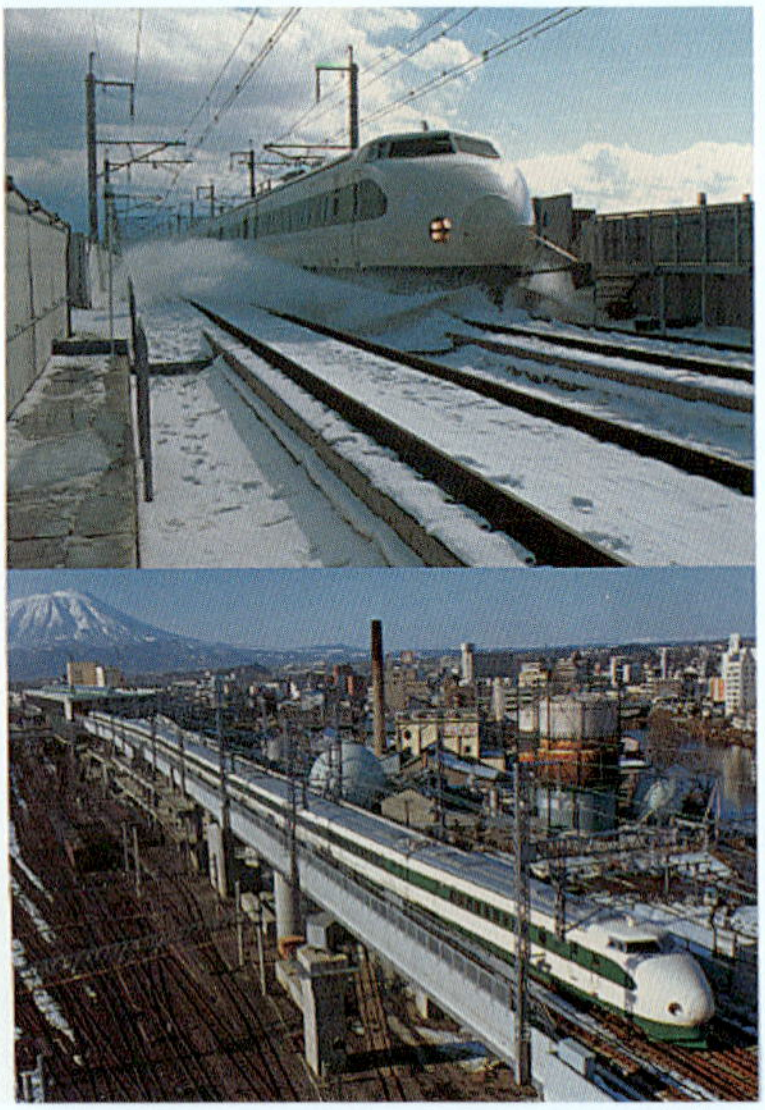

200系新幹線(東北新幹線)の絵葉書。関西では見ることができなかった、白色に緑色の帯が特徴的な200系新幹線電車。先頭車前面の下部、雪をはね飛ばしている部分に除雪板(スノープラウ)がある。

北陸本線を中心に、現役で活躍している最新型の除雪車、キヤ143形。期間限定で当館の車両工場で展示を行った(2017(平成29)年9月7日～10日)。

鉄道車両　蒸気機関車

当館の転車台に乗る「義経」

7100形7105号蒸気機関車

北海道で活躍した「義経」号

当館の扇形車庫エリアでは、主に蒸気機関車の国産化・標準化が本格的となった大正期からと、わが国の「蒸気機関車の完成形」が活躍した昭和期にかけての蒸気機関車を保存・展示している。8620形やD51形、C62形等それぞれの機関車を見比べると煙突の形、ボイラー周りや足周り等に共通した要素が見られ、いわゆる「日本スタイル」の機関車が目を引く。このような名車両が勢揃いした扇形車庫の中で日本スタイルとは趣きの異なる機関車が目を引く。カウキャッチャーと呼ばれる大型の排障器、ダイヤモンドスタックと呼ばれる火の粉が飛び散らないように工夫された煙突、走行の際に通行人に危険を知らせる西洋式の鐘等、まるで西部劇から飛び出してきたかような数々の特徴をもつテンダー式の機関車で、こちらはまさしく「アメリカンスタイル」。7100形7105号機「義経」である。

当形式は、1880（明治13）年に北海道の幌内鉄道が米国のH.K.Porter社から合計8両を輸入した。「義経」のように命名されたのは、その内の6両で、現存しているのは「義経」の他に「弁慶」（鉄道博物館・さいたま市）と「しづか」（小樽市総合博物館・小樽市）である。幌内鉄道とは、明治初期に政府が設置した北海道開拓のための役所「開拓使」が、主に幌内川上流から産出した石炭を運搬した官営鉄道で、後の手宮線、幌内線、函館本線南小樽—岩見沢間も開業し札幌地域の物流を支えた。本州では英国の指導で新橋—横浜間や京都—神戸間の建設が進められていたが、北海道では開拓の一環として鉄道技術も米国から指導を受けて建設が進められた。米国から輸入された当形式は、現在の車両の基本となる自動連結器などの技術が採用されていた。特にブレーキは、当時、まだ本州を走る列車には装備されていなかった列車の安全性を向上させる「貫通空気ブレーキ」を搭載していた。

幌内鉄道は、所管する役所が数回変わった後、1889（明治22）年に北海道炭砿鉄道に払い下げられた。さらに北海道炭砿鉄道は、1906（明治39）年に国有化された。「義経」は、1925（大正14）年に民間工場に払い下げられた後、タンク式の機関車に改造され使用されていたが、1952（昭和27）年、その歴史的な価値から鉄道開業80周年記念行事のひとつとして国鉄が引き取り、鷹取工場で復元整備とテンダー車の新製が行われた。往時の姿を取り戻した「義経」は、その後、1990（平成2）年「国際花と緑の博覧会」など各地のイベントで活躍後、交通科学博物館で保存・展示されていた。現在は、当館にて記念撮影や教育普及活動の場として来館者から人気を博している。

（島崇）

復元された「義経」の製造銘板
メーカー名や製造番号などが刻印されている

タンク式に改造された復元前の「義経」
（『機関車義経号』国鉄鷹取工場より）

当館の本館一階『鉄道のあゆみ』にて保存・展示している1800形1号機
旧番の40号に復元されている。

1800形蒸気機関車

勾配《こうばい》用の輸入機関車

　1800形蒸気機関車と形式名を聞いてすぐその姿を思い浮かべられる人は少ないだろう。明治期の蒸気機関車の中では、1号機関車や7100形蒸気機関車の弁慶号、義経号らの方が有名で馴染み深いかもしれない。しかし1800形蒸気機関車は1965（昭和40）年に「準鉄道記念物」に指定され、2004（平成16）年には「鉄道記念物」に昇格されるなど、その存在は日本の鉄道史を飾り、これを語るうえでも欠かせない存在であるといえる。

　1800形蒸気機関車の登場の背景には、「勾配」の克服にあったと言っても過言ではない。1880（明治13）年に開通した京都―大津間（旧東海道線ルート）では、山科―大谷間に25‰《パーミル》もの勾配区間が連続して約4，7㎞も続く難所がある他、急勾配の旧逢坂山隧道などの難所も数多くあった。当時の蒸気機関車の牽引力では、登坂は限界に達し、途中で列車が止まってしまうことや、救援を必要とする場面もあり、開通当初からこの難所をスムーズに牽引できる蒸気機関車の導入が求められていた。そこで御雇外国人技術者の一人として1878（明治11）年に着任したイギリス人のB．F．ライトは、勾配線に使用する強力な機関車の導入を計画し、その設計を自らが手がけた。そして1881（明治14）年にイギリスのキットソン社に8両発注し、完成した車両が1800形蒸気機関車である。その外観はスマートで美しく、各部も緻密に造られ、しかも25‰の勾配も時速32㎞で牽引できるという高性能であり、当時としては最強の勾配用蒸気機関車であった。しかし、大正末から昭和初期にかけて、客車が四輪車からボギー車へと代わり、重量化が進んだため、蒸気機関車も当時の最新の技術を駆使した国産の大型車両が登場し、1800形は本線での役目を終え、入換用の車両として活躍の場を見出すこととなった。以降は、本線での活躍を終えた1800形蒸気機関車のうち、未だ製造時の姿を留めている1号機（以下1801形）の足取りを紹介しよう。

1801形は、1930（昭和5）年に鉄道省が高知鉄道（当時）に売却し、御免―安芸間で活躍していた。しかし、ガソリンカーの投入が決まると1801形の出番は少なくなり、1937（昭和12）年には休車となった。当時、化学繊維などを製造していた東洋レーヨン（現在の東レ）が自社工場への専用引込線で使用する機関車を探していたが、鉄道省には適切な機関車が無く、高知鉄道で休車であった1801形に白羽の矢が立った。そして1940（昭和15）年に東洋レーヨン滋賀工場所属の機関車となり、工場専用引込線で長年活躍していたが、昭和30年代半ばに京都大学の教授によって発見され、この1801形の功績から国鉄の鷹取工場で復元し、交通科学館（旧・交通科学博物館）に展示されることとなった。現在は同館が閉館したことから当館に移設され、保存・展示している。

B．F．ライトがキットソン社に発注した車両は8両であったが、同一基本設計で103両もの同系機が製造されたことを振り返ると、あらためて1800形が日本の鉄道創業期の需要に適合し、バランスのとれた優秀な機関車であったといえるであろう。往時の活躍時の姿を伺わせる1号機の勇姿を是非ご覧いただきたい。

（飯田一紅子）

現存する最古の量産型国産蒸気機関車として展示している230形233号機

２３０形蒸気機関車２３３号機

現存最古の国産量産型ＳＬ

当館で保存・展示している２３０形２３３号機は、１９０３（明治36）年に製造された現存する最古の量産型国産蒸気機関車として平成28年8月17日、国の重要文化財に指定された。同年10月14日にはこれを記念して、当館で記念式典が開催された。

日本の鉄道は１８７２（明治５）年に開業したが、初期の蒸気機関車はすべて欧米からの輸入だった。アメリカやドイツからも輸入されていたが、多くはイギリスからであ

機関車側面に並ぶリベット

った。そして、1893（明治26）年、官設鉄道の神戸工場において、イギリス出身のお雇い外国人であるリチャード・フランシス・トレビシックの設計・製造の指揮監督のもと、国内で初めて蒸気機関車が造られた。

その後、北海道炭鉱鉄道や山陽鉄道兵庫工場など、国内の工場でいくつかの形式の蒸気機関車が製造されたが、いずれも量産には至らず、汽車製造合資会社（通称「汽車会社」、のちに株式会社へ移行）において、230形が国産初の量産型蒸気機関車として製造された。

230形は、前面窓の高さなどが日本人の体格に合わせて設計されており、1902（明治35）年から1909（明治42）年までの間に41両が製造された。内訳は、官設鉄道38両、北越鉄道1両、北海道鉄道2両となっている。

車体鋼板の接合には、リベットが使用されている点が特徴的である。リベットとは、円柱の先端にやや大きい半球状の頭が付いた部品で、円柱部分を接合対象物の穴に通した後につぶすことで固定・接合する。230形の外観を眺めると、各所に等間隔で使用された半円状のリベットの頭が見てとれる。鋼板の接合は、リベットからボルト（ねじ）、溶接へと進歩していった。

当館の233号機は、官設鉄道に納入された後、山陽本線、山陰本線、福知山線、徳島線など、中国・四国地方において運用された。1953（昭和28）年以降は国鉄の高砂工場で入換用の機関車として使用されたが、1959（昭和34）年に廃車となった。

その後、国鉄の鷹取工場において保管されていたが、1967（昭和42）年の鉄道開業95周年にあたって、昭和初期に取り付けられたと考えられるブレーキ用の空気圧縮機などが取り外され、製造直後に近い状態に復元し、大阪の交通科学館に保存・展示された。

そして、2016年4月からは当館本館一階において保存・展示している。なお、他の230形蒸気機関車は大半が廃車となったが、268号機が佐賀県鳥栖市で保存されており、台湾向けに製造され同地に納入されたBK24号機も台南市で保存されている。

（藤本雅之）

製造年などが記された233号機の銘板

館内で保存・展示している1070形1080号機

1070形蒸気機関車1080号機

急行用から鉱山用へ、波乱の人生

鉄道車両は、「活躍した」「引退した」など擬人的な表現をされることがある。1070形蒸気機関車1080号機も、さまざまな場面を経験した機関車で、それはさながら一つの人生になぞらえられる。

1080号機は1901（明治34）年、イギリスのダブス社で製造された。同じくイギリスのネルソン社で設計された機関車とほぼ同型のため、「ネルソン」という愛称で呼ばれることもある。

当時の官設鉄道は、同型の機関車をネルソン社、ダブス社、ハノーバー社、アメリカンロコモティブ社の4社に分けて発注し、このグループをD9形という形式としていた。

完成当時の車両は現在の姿と大きく異なり、石炭と水を積む炭水庫が機関車と分かれ

1070形1080号機運転席内部

たテンダー式機関車であった。蒸気機関車には、石炭と水を機関車本体に積むタンク式機関車もあるが、テンダー式の方がより多くの石炭と水を積み、長い距離を走ることができた。

　わが国の蒸気機関車は、1872（明治5）年の創業以来、最高速度は時速72キロで計画されていたと推測する文献があるが、この蒸気機関車は動輪直径を大きくし、最高速度が時速80キロで設計されていた。

　輸入された当初は、その性能を生かして、東海道線を走る急行列車の平坦区間をけん引していたが、1911（明治44）年に新しい大型の機関車が登場したことで、ローカル線の列車をけん引するようになった。

　その後、1926（大正15）年には、官設鉄道の浜松工場でテンダー式からタンク式に改造され、長距離区間での運用は行われなくなった。形式名称・付番も1070形1080号機に変更となり、岐阜機関区や美濃太田機関区に配属された。

　1939（昭和14）年、石炭や鉄鉱石、石灰石などを扱う日鉄鉱業に払い下げられ、新潟県にある同社の赤谷鉱業所で鉄鉱石を輸送した。その後、栃木県の羽鶴鉱山へ移されてからは、石炭やドロマイト（セメントやガラスなどの原料となる鉱物）を運んだ。

　この蒸気機関車は、国鉄の蒸気機関車廃止の後も運行されていたため鉄道ファンから注目されていたが、1979（昭和54）年には休車となり、1991（平成3）年に同社の専用線が廃止となってからは、会社敷地内で保管されていた。

　2009（平成21）年、JR西日本へ譲渡されて梅小路蒸気機関車館が管理することになり、波乱万丈の終着駅として2016（平成28）年から当館に引き継がれ、保存・展示している。

（藤本雅之）

日鉄鉱業の羽鶴鉱山から搬出される1070形1080号機（2009年、栃木県）

1080号機前面

京都鉄道博物館で保存・展示されている9600形蒸気機関車9633号機

9600形蒸気機関車

火室広く、大きな力発揮

9600形は、大正時代を代表する国産の蒸気機関車の一つである。鉄道車両にはさまざまな愛称が付けられることがあるが、この9600形は「キューロク」や「クンロク」と呼ばれた。

1913（大正2）年に生産開始された貨物用蒸気機関車で、動輪の軸数は4軸。1926（大正15）年までの長期にわたり770両が製造さ

警戒色塗装が施された9633号

貨物列車の後補機として活躍した9600形

れ、他に私鉄用４両、樺太用14両、台湾用50両も納品された。これは、日本の国鉄で１１５両製造されたＤ51形に次いで多い。

本形式は、より大きな力を出す機関車とするため、燃焼させる石炭から多くの熱量を取り出す必要があり、石炭を燃やす火室を広くすることにした。その結果、火室が動輪の上に設置され、これに伴い火室とつながるボイラーも高い位置となった。

なお鉄道車両の最大高は、トンネルや橋など周囲の構造物と接触しないよう一定の高さに定められており、火室とボイラーの位置が高くなった９６００形は、ボイラーから上に出ている煙突が大変短いものになった。

９６００形は、国府津（神奈川県小田原市）―御殿場（静岡県御殿場市）間を走行し、急勾配のある御殿場線（当時、東海道本線）で列車を後ろから押す後補機《こうほき》としてまず使用された。

最初に製造された18両は、石炭と水を積む炭水車の車輪の軸数が２軸と小さかった。後に他の長距離線区でも使用されるようになり、19両目以降はより大きな３軸の炭水車に変更された。そして、四国地方を除いた全国各地に広く配置され、貨物用・勾配線用として活躍した。

１９３６（昭和11）年から貨物用として新型蒸気機関車Ｄ51形の生産が始まったことで、９６００形は次第に地方線と、駅や機関区構内で車両を移動させる入換用機としての運用が主体となっていった。

１９７５（昭和50）年、本線での蒸気機関車の運用が終了し、翌１９７６（昭和51）年、北海道の追分機関区で、入換用を含め国鉄の現役として最後に運用された蒸気機関車の形式となった。

当館で保存・展示している９６３３号機は、１９１４（大正３）年に神戸市の川崎造船所で製造された車両である。

１９４１（昭和16）年に北海道に渡り、倶知安《くっちゃん》機関区に所属して胆振《いぶり》・岩内《いわない》線で運用され、１９５５（昭和30）年に小樽築港機関区の所属となり、以降は入換用機として運用された。

１９６７（昭和42）年には、ＮＨＫ朝の連続テレビ小説「旅路」の撮影に使用されて人気を博したことから、１９７２（昭和47）年の梅小路蒸気機関車館の開館に際して保存機に選定された。

（藤本雅之）

梅小路機関車庫のC53形45号

C53形蒸気機関車

国産機唯一《ゆいいつ》の3シリンダ

C53形蒸気機関車は、1928（昭和3）年3月から1930（昭和5）年にかけて、汽車製造で47両、川崎車両で50両、計97両が製造された旅客用蒸気機関車である。外観を珍しいと感じる人は少ないであろうが、その特異性は外見からはうかがえない部分にあるが、C53形は国産機唯一の3シリンダ方式なのである。

シリンダとは、蒸気の圧力でピストンを動かし、動力を動輪に伝える装置。C53形以外の国産機関車はボイラー下部両側にシリンダが2基ある。3シリンダ方式では車体中央部にさらに1基ある。

大正末期、欧米では3シリンダ方式が流行し、その優秀性は日本にまで伝わっていた。シリンダ数を増やすことで滑らかな回転力が得られ、燃焼効率の向上、けん引力の増加も可能であるという利点があった。

このため、その技術を得るためにアメリカから８２００形（後のC52形）が輸入されたが、振動が少ないなどの有用性は認められつつも、動輪直径のサイズに対する速度性能への効率や、火室の広さなどの評価は芳しくなかった。

そこで、日本の鉄道に適した幹線用の３シリンダ機の開発が行われ、C53形が誕生した。背景には、旅客需要の増加による客車連結数の増大、客車の大型化、急行列車の速達化などがあった。

C53形は期待通りに東海道・山陽本線の主力機関車として特急「燕《つばめ》」をはじめとする優等列車から普通列車までで使用された。しかし、シリンダが三つあるため最大軸重が15・4トンと重く、路線への負担が大きかったため、沼津―下関間でのみで運用された。これにより、東海道・山陽本線以外への転用先がなかった。石炭の消費量が多く、保守などに多くの維持費がかかるといった３シリンダならではの欠点もあった。

さらに２シリンダでC53形の性能を上回るC59形の登場、電化の進展などもあり、１９５０（昭和25）年までにその大半が廃車となった。

なお、１９３４（昭和９）年、C53形43号が外形の全面改造によって、欧米で流行していた空気抵抗を低減させる流線形の蒸気機関車として生まれ変わった。またC53形では43号機のみであったが、１９３６（昭和11）年製のC55形に流線形のデザインが採用され、21両が製造された。しかし、流線形の効果は乏しく、加えて保守・点検に手間がかかるなどの欠点があり日本では発展しなかった。

当館で保存・展示しているC53形45号は、１９６１（昭和36）年から交通科学館（後の交通科学博物館）で保存・展示され、１９７２（昭和47）年に梅小路蒸気機関車館へ移設された。その雄姿を現在も間近で見学していただくことができる。

（久保都）

特急「燕」を牽引し、京都駅に停車する流線形のC 53形43号（1936（昭和11）年８月15日）

吹田操作場で撮影されたC53形45号機1961（昭和36）年　撮影：野口昭雄氏

梅小路機関区の給炭台　撮影：1981（昭和56）年頃

石炭

蒸気機関車の燃料

「石炭」はイギリスで起こった産業革命以降、燃料資源などとして活用されている可燃性の岩石で、最盛期には「黒いダイヤモンド」とも称されていた。日本での石炭発見は、伝説や史料にも散見されるようであるが、九州北部では室町時代に燃える石が発見されたとの伝承があり、江戸時代には採掘が開始されていた。その後、近代化にともなって各産炭地での採掘が盛んとなったが、20世紀初頭以降から始まった石油燃料への移行や、外国産との価格競争によって国内での採掘は減少していった。

数億年前の植物が腐敗する前に地中に埋もれ、地熱や地圧によって変質（石炭化）した物質である石炭は、植物化石であるともいえる。その性質や用途は、生成過程の段階によって異なり、その度合いや不純物の含有量などによって燃焼時の熱量に差が生じる。まず、腐敗せずに湿原や湿地帯などの地中へ埋もれた植物は、分解されずに残った組織が堆積した後、長い年月をかけて泥状の炭である「泥炭《でいたん》」（泥草、ピート）に変質する。泥炭も可燃性で、ウィスキーの原料となる麦芽の乾燥などに使用されている。この泥炭は、さらに長い年月を経ることで「褐炭《かったん》」、「瀝青炭《れきせいたん》」、「無煙炭」へと変質していく。このなかで、最も一般的な石炭として活用されたのが九州や北海道で採掘される瀝青炭で、蒸気機関車の燃料としても最適とされていた。また、1928（昭和3）年には、発熱量が高く、煙も少ないという利点があったピッチ練炭《れんたん》（微粉炭にピッチという粘結剤を混ぜた固形燃料）の使用も開始された。

さて、昭和30年代前半当時の国鉄では、石炭の列車運転用・船舶用・工場据付《すえつけ》のボイラ用・電力用などとして石炭・練炭が約600万トン（約320億円分、国鉄経費の約13％）使用され、国内石炭生産量の1割以上に及んでいたという。そして、その大部分が運転用炭であり、無駄なく使用するように節炭が奨励されていた。国鉄用炭の内訳は九州炭37％、北海道炭29％、常磐炭7％、山口炭1％、練炭25％、その他1％となっており、九州・北海道などの炭鉱地帯では、石炭のみを運ぶ石炭列車が運行され、炭鉱と石炭積出港などを結んでいた。ちなみに、石炭の燃え殻《がら》は「シンダ（Cinder）」、「アッシュ（Ash）」と呼ばれ、日本では「アス殻」などとも呼称された。アス殻はコンクリート材や、水捌《は》けを良くするための道路材などに転用されることもあり、二代目京都駅の駅前西に所在した道にもアス殻が敷かれていたという。また、物資不足であった終戦直後には、煮炊《にた》きの生活燃料などとして利用するため、駅や車両基地などでアス殻を拾い集める人の姿も見られたとのことである。

現在、梅小路運転区ではオーストラリア産の瀝青炭を使用している。給炭水線に積まれた石炭は、定期的に水が掛けられている。これは粉炭を塊《かたまり》に付着させて飛散を防止するためである。（廣江正幸）

馬を利用した運炭鉄道
鹿ノ谷炭山（北海道夕張市）で行われていた石炭運搬の様子

梅小路運転区の給炭水線

梅小路蒸気機関車館時代に展示運転を行っていたD51形1号機。ボイラー上の煙突から蒸気溜までがカバーで覆われている（昭和40年代）

D51形蒸気機関車

SLの代名詞「デゴイチ」

蒸気機関車の代名詞として使用されることもある「デゴイチ」。「デゴイチ」の正式名称は「D51形蒸気機関車」で、「デゴイチ」は、動輪の軸数を表す記号の「D（ディー）（四軸）」と、形式番号の「51」に由来する愛称名である。そして、このD51形は日本における代表的な蒸気機関車形式の一つである。

この蒸気機関車は、1936（昭和11）年から製造が開始され、1945（昭和20）年までに同一形式の機関車としては日本では最多となる1115両が製造された。なお、この他に台湾総督府鉄道用として製造された車両や、戦後に台湾鉄路管理局やソビエト連邦への輸出用に製造された車両を含めると、1184両となる。本来、D51形は貨物用機関車であったが、貨物列車だけではなく、旅客列車のけん引機としても幅広く運用された。このため、D51形は日本各地で活躍し、「デゴイチ」の愛称は広く親しまれるようになった。

　さて、当館ではD51形の1号機と200号機を保存している。1号機はD51形のトップナンバーである。同機は、敦賀機関区にされて北陸本線で活躍した後、稲沢機関区、大垣機関区に移動して東海道、中央西、関西本線で活躍。金沢機関区に移動して再び北陸本線で運用され、さらに盛岡機関区、青森機関区に所属して東北、奥羽本線でも活躍し、最後の一年は浜田機関区で山陰本線の列車をけん引した。そして、1972（昭和47）年、鉄道開業100年記念事業で開館した梅小路蒸気機関車館の動態機（動かせる状態の車両）として保存・展示されることとなり、同館の展示運転で活躍したが、1986（昭和61）年の車籍抹消で静態機となった。

　同機は、昭和初期の製造当時、空気抵抗を抑えるために考案されて世界的に流行していた「流線形」の形態が取り入れられ、ボイラー上部の煙突から蒸気溜《だまり》までがカバーで覆われた特徴的な形状から「ナメクジ」という愛称で呼ばれていた形態である。この形態は、D51形の「初期型」に分類される。

　一方、200号機は、給水温め機を煙突の前に搭載し、煙室の縁が角になった「標準型」と呼ばれる精悍（せいかん）なスタイルをしている。同機は愛知県の稲沢機関区に配置後、主に米原、大垣、中津川と中部地方で活躍し、1号機と同様に梅小路蒸気機関車館の開館に合わせて保存・展示することとなり、動態機として展示運転やSLスチーム号のけん引機として活躍した。

　2015（平成27）年からは、JR西日本による貴重な産業遺産を後世に継承することを目的とした「デゴイチ復活プロジェクト」が始動され、梅小路運転区にて、1万点にもおよぶ全ての装置や部品を分解して検査を行う「全般検査」を実施し、2017（平成29）年11月25日、SLやまぐち号として本線復活を果たした。

　今後も勇壮な姿をみせてくれることであろう。

（吉田和博）

復活を果たしたD 51形200号機（2017（平成29）年）

ＳＬ北びわこ号のヘッドマークが取り付けられているC56160号
2017（平成29）年撮影

C56形蒸気機関車

小型で長距離可能な優秀機

C56形蒸気機関車は、簡易線区用の優秀機として知られ、1935（昭和10）年2月に1号機が誕生した。

その後、1939（昭和14）年までに160両、1941（昭和16）年には唯一の民間会社・雄別鉄道の発注による1両、さらにその翌年には樺太庁鉄道の発注により4両の合計165両が製造された。

1970年代初めまで主力機関車として運用され続けたC56149号（1971年撮影）

C56形蒸気機関車の母体となったのは、C12形蒸気機関車である。燃料を機関車本体に積載したタンク式のC12形から、燃料を運搬する車両を接続したテンダ式に改められた。この改造には、当時の経済不況と満州事変の影響、さらには物資の節約が叫ばれていた時代背景があった。

C56形は昭和以降の国鉄の蒸気機関車の中でも最も小型で、車輪にかかる重量が非常に軽いテンダ式機関車となった。路盤の強化が進まない線区において、C12形よりも長距離区間が走行可能な客・貨物両用機として期待された。

当時、すでに全国の主要幹線網を完成させていた国鉄は、国策の下に中小の私鉄路線を買収統合し、幹線同士を結ぶ連絡支線の新線建設に力を注いだ。低規格な路線の近代化を図るため、軽便な中小型動力車を必要としていた。

また、C56形は当時としては最も進歩した全溶接構造が採用され、急勾配線区でのバック運転を考慮して、小型の炭水車の両側面上方を大きく切り取り、後方の視界を確保するなどした結果、バック運転に適した燃料運搬車両を持つ小型機に仕上がった。

新製機の配備は当初の予定通り、北海道の苫小牧（日高本線）から鹿児島県の薩摩大口（山野線）まで全国に渡り、簡易線区に進出、活躍していった。

しかし太平洋戦争中の１９４１（昭和16）年には、Ｃ５６１〜Ｃ５６９０号の90両は１ｍ軌間に改造され、ビルマ（現ミャンマー）やタイに送られた。１９７９（昭和54）年、タイ鉄道のディーゼル化のため不要になったＣ５６３１号とＣ５６４４号の２両が、タイから日本に戻ってきた。

C56形は戦後、運用の関係で次第に北海道から退き始め、入れ換え用などに転用されていったが、一部は主力機関車としても運用され続けた。

当館で保存しているＣ５６１６０号は国内に残るラストナンバーで、「高原のポニー」の愛称で親しまれ、２０１８（平成30）年５月までＳＬ北びわこ号としてイベント期間中は湖北で活躍していた。（久保都）

木次線備後落合駅に停車中のC56形110号機　1965（昭和40）年頃

木次線を走行するC56形110号機　1965（昭和40）年頃

当館に保存・展示するテンダー式蒸気機関車のうちC62形2号機蒸気機関車

テンダー機関車・タンク機関車

石炭と水を積んで走る蒸気機関車の種類

蒸気機関車と聞けば、煙突から煙を出し後方に石炭を積んだ姿をイメージする人が多いだろう。

煙突と石炭を積んだ姿が印象的な蒸気機関車には、構造的に見ると大きく2つの種類に分けることができる。

多くの人がイメージする蒸気機関車の姿は、機関車とは別に石炭と水を積む炭水車（テンダー）を機関車に連結したテンダー式蒸気機関車と呼ばれる種類である。テンダー式蒸気機関車は、炭水車（テンダー）に積める水や石炭の積載量が多いため、長距離を走行するのに適し、また駅間の長い幹線や停車駅の少ない急行列車など、水や石炭を頻繁に補給できない場合に広く用いられた形式である。

もう1つの形式は、機関車本体に水を溜めておく水タン

当館に保存・展示するタンク式蒸気機関車のうち1070形1800号機蒸気機関車

クと石炭を積む石炭箱を設けたタンク式蒸気機関車である。タンク式は、テンダー式と比べ、水と石炭の積載量が少ない。そのため短距離区間の輸送や構内で車両の入換用として用いられた形式である。

当館には23両の蒸気機関車を保存・展示しており、そのうちテンダー式は18両、タンク式は5両である。

18両のテンダー式の中でも、1948（昭和23）年から1949（昭和24）年にかけて49両が製造されたC62形蒸気機関車は、日本最大の旅客用蒸気機関車として特急列車などの牽引に使用された大型のテンダー式機関車である。燃料となる石炭の積載量は8・00t（トン）、水を積む容積は20・0㎥（リッポウメートル）で、わが国のテンダー式のなかでも炭水車の大きさと積載量は最大である。

また、タンク式のなかで特徴的な車両の1つが、1070形1080号機蒸気機関車である。1070形蒸気機関車は、元々、1901（明治34）年に英国から輸入され官設鉄道東海道線で使用されていたテンダー式機関車D9形651号機蒸気機関車（のちに6270形6289号機蒸気機関車と改称される。）であった。しかし、1926（大正15）年に8620形蒸気機関車の増備が進んだことなどから、短距離列車牽引用のタンク式機関車へと改造された経緯を持つ。

改造後は、新潟県で日鉄鉱業株式会社に払い下げられ、鉄鉱石の輸送に使用されたのち、栃木県の同社事業所で石炭石の輸送に活躍した。

当館には、紹介した車両のほかにもテンダー式蒸気機関車とタンク式蒸気機関車が扇形車庫内を中心に保存・展示している。

是非一度、当館に足をお運びいただき、実物のテンダー式蒸気機関車とタンク式蒸気機関車を間近でご覧いただきたい。

（竹中悠祐）

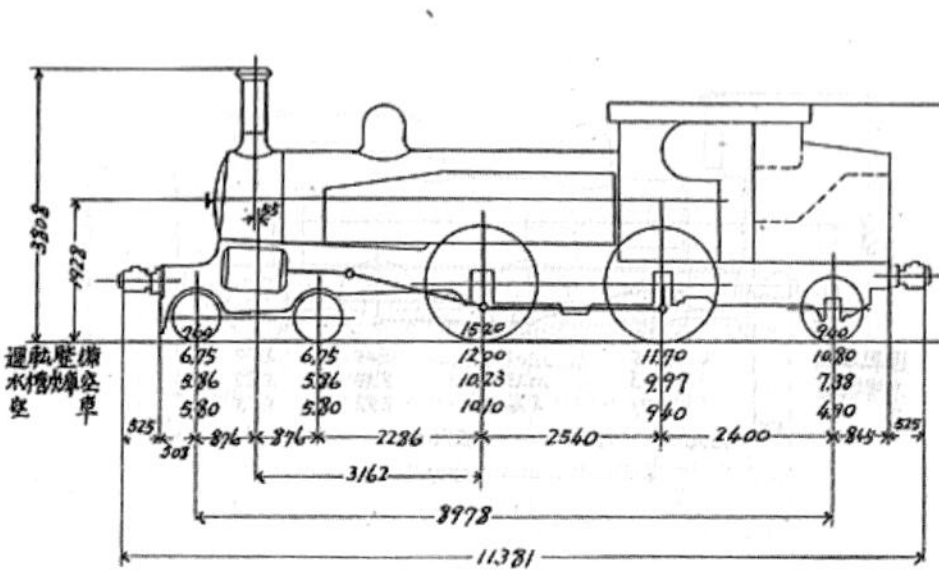

1070形蒸気機関車形式図

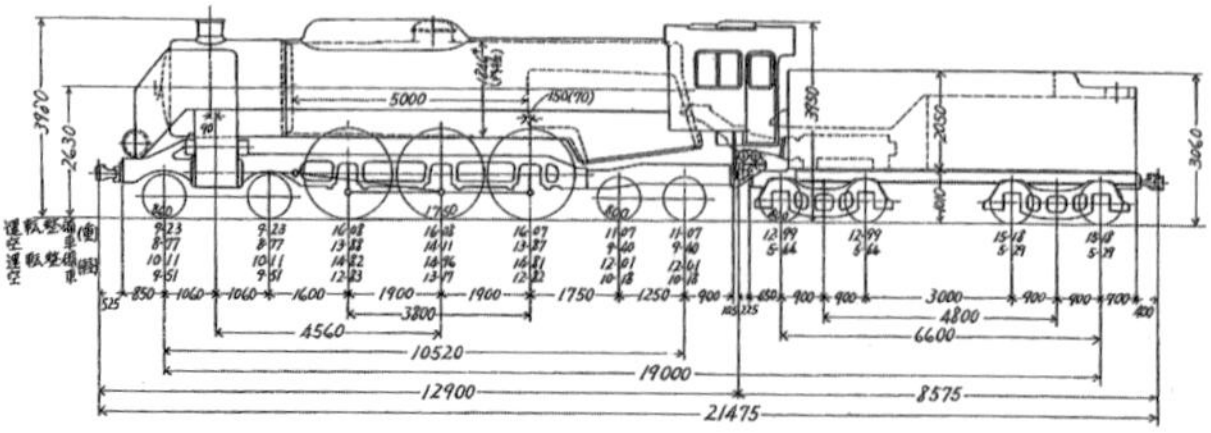

C62形蒸気機関車形式図

コラム

京都駅の転車台《てんしゃだい》

イギリス積みで造られた明治期の煉瓦積遺構《れんがづみいこう》

明治期の築造と推定される転車台遺構　1997（平成9）年2月撮影

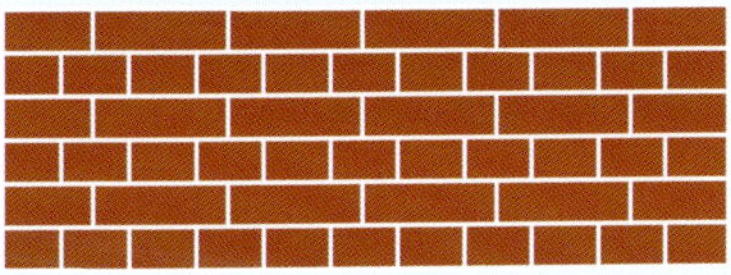

イギリス積み
煉瓦を長手だけの段と、小口だけの段で一段ずつ積む方式。土木構造物や鉄道関連の施設では多く採用されていた。

1996（平成8）年、京都駅の北西部で行われた発掘調査において、機関車の向きを変える転車台（直径約14ｍ、高さ1・6ｍ）の基礎が確認された。この基礎はイギリス積みの煉瓦積遺構で、中央には花崗岩《かこうがん》製の土台があり、その規模から明治期の鉄道車両の大きさに対応した転車台で、初代京都駅時代に築造されたものであると推定されている。

2005（平成17）年には、同じく京都駅北西部で行われた発掘調査において、上記の転車台よりも小規模な転車台（推定直径12ｍ）の基礎部分が確認されている。こちらの転車台は、機関車が大型化する以前に使用されていたか、それ以降であれば車両の入換《いれかえ》を行っていた小型機関車用ではないかと考えられている。

なお、1997（平成9）年に山陰線の二条駅付近で行われた発掘調査でも、山陰線の前身である京都鉄道が築造したものと推定される、イギリス積みの転車台（直径約13ｍ）とアッシュピット（蒸気機関車の灰落とし場）の遺構が確認されている。

（廣江正幸）

炭水車をけん引するＢ20形10号機
（鹿児島機関区構内、1960年代前半に撮影）

B20形蒸気機関車

戦中生まれの「まめタンク」

１９４１（昭和16）年12月、国策によって国内の車両メーカーが参画した車両統制会が設立され、産業用の小型蒸気機関車やガソリン機関車などの製造統制が行われるようになった。

その活動の中で、大量生産に適した蒸気機関車の製造を実現させるため、１９４３（昭和18）年には小型蒸気機関車専門委員会が組織された。Ｂ20形の設計も同年から開始となり、同機の設計は約1年をかけて完成した。

そして、Ｂ20形は資材不足が深刻化した戦中・戦後の状況の中で、輸送力確保のために、福島県の鉄道省郡山工場と富山県に所在した立山重工業によって製造された。

同機は機関車本体に炭庫と水槽を備えた「タンク式」と呼ばれる形式で、最高時速は

45キロと低速であった。車両基地などに留置された構内車両の入換用や、小運転に使用が限定されことで、前照灯を装備せず、さらに機関車本体にのみブレーキをかける蒸気ブレーキ（一般的な蒸気機関車は空気ブレーキ）が採用された。

しかし、設計段階からすでに出遅れていたため、同機は完成に至るも戦時体制には寄与することなく終戦を迎えた。そして、戦後は横須賀の米軍基地での使用された事例を除けば、主に構内入換用の機関車として運用された。

１９４５（昭和20）年から１９４７（昭和22）年にかけて15両が製造されたＢ20形は、戦時設計で必要最低限の規格での製造だったため寿命も短く、短期間でそのほとんどが廃車となった。現在は北海道の万字線鉄道公園で保存されている1号機と、当館で保存・展示している10号機が残るだけである。

当館にある10号機は、主に姫路や鹿児島の機関区で入換用機として運用された後、１９７２（昭和47）年に梅小路機関区に転属となり、梅小路蒸気機関車館で展示・保存されることになった。

その後、２００２（平成14）年10月に同館の開業30周年とＪＲ西日本発足15周年を記念して、ＪＲ職員、ＯＢ、一般ボランティアの手で、およそ半年をかけて修復工事が行われ、動態保存機として復活を果たした。

当館にご来館の際には、激動の時代を駆け抜けたＢ20形をぜひ、見学していただきたい。

（吉田和博）

ボランティアによるＢ20形10号機の修復作業（部品清掃）の様子＝2002（平成14）年５月

貨車を牽引するB20形9号機

京都鉄道博物館で展示中のＤ52形468号機

Ｄ52形蒸気機関車

重量物輸送用、けん引力重視

鉄道車両は、目的、用途など時代の需要や要請によって製造されることが多いが、Ｄ52形は特にその色合いが濃い車両である。

Ｄ52形は、戦時中の１９４３（昭和18）年に誕生した。戦争による船舶不足の影響で、それまで船舶で行われていた石炭などの重量物輸送は、鉄道による輸送に切り換える必要に迫られた。このため、より強力な貨物用蒸気機関車が求められ、国内最大のけん引力を持つ蒸気機関車として設計・製造された。

それまでの最も重い貨物列車は、Ｄ51形がけん引する合計千トンの列車だったが、Ｄ52形はより重い１２００トンの列車を引く計画で設計された。左右一対の車輪にかかる負担重量である軸重が重くなるため、これに耐えられるレールを使用している東海道本線や山陽本線などの幹線でのみ運行された。

D52形は1943（昭和18）年から1946（昭和21）年までに285両が製造されたが、戦時中に製造された車両は材料不足などの理由でいくつかの設計変更が行われた。

例えば、機関車の動輪が滑るのを防ぐための砂をためておく砂箱が、通常の半球形ではなく角型に変更され、金属で造られるべき除煙板は木材で代用されるなどした。これは、「戦時輸送に耐えられれば良い」との考えに基づいた苦肉の策であった。

このように物資不足による緊急の設計変更や、列車運用に携わる現場での保守と運転の不慣れなどから、戦時中のD52形は当初の計画通りの性能を発揮できず、D51形と同様に千トンの列車をけん引する運用が主であった。

粗悪な資材や工作不良などが影響し、1951（昭和26）年までに56両が廃車となり、機関車としての寿命が短い車両も多かった。しかし、160両のD52形は終戦後の1951（昭和26）年から1956（昭和31）年にかけて、ボイラーの交換や木製部材の鋼製化、自動給炭機の搭載などの改造が行われ、新製同様の車両となった。

また、国鉄史上最大の出力を誇るD52形のボイラーを流用し、1948（昭和23）年から翌年にかけて、国産最大の旅客用蒸気機関車であるC62形が製造された。

当館で保存しているD52形468号機は、1946（昭和21）年に製造された車両で、当初は沼津機関区に配属された。1960（昭和35）年に線路がより重い軸重に耐えられるようになった北海道の五稜郭機関区に転属後、1972（昭和47）年から梅小路蒸気機関車館に移管され、現在は当館において保存・展示している。

（藤本雅之）

梅田貨物駅に停車中のD52形。車両前方の側面上部には木製の除煙板が取り付けられている（1949（昭和24）年12月撮影）

D52形の自動給炭装置

体験乗車「ＳＬスチーム号」の牽引機関車の一つとして活躍しているＣ62形蒸気機関車２号機

C62形蒸気機関車

戦後を駆けた「最大」雄姿

Ｃ62形蒸気機関車は、１９４８（昭和23）年から翌年にかけて49両が製造された、日本で最大・最速の旅客用蒸気機関車である。

このＣ62形は、当時の日本を占領していた連合軍（連合国軍、進駐軍）が機関車の新製を禁じていたことから、戦時中に量産された貨物用のＤ52形のボイラーと、旅客用のＣ59形の足回り（車両の走行部）を組み合わせるという「改造」扱いで製造が進められた。ただし、実際にはＤ52形のボイラーを利用しつつも、足回りなどは新製であったため、車両の製造会社では「新製」扱いであったという。

最高運転速度が時速１００キロのＣ62形は、東海道本線、山陽本線で特急・急行の優等列車を主体に牽引《けんいん》し、東北本線、常磐《じょうばん》線で使用された車両もあった。1956（昭和31）年の東海道本線の全線電化後は、一部が北海道へ移されて函館本線で使用され、1964（昭和39）年の山陽本線の全線電化後は呉線や岩徳線でも使用された。

その後、電化の進展とともに順次廃車が進められ、1970（昭和45）年に最後まで残っていた6両が北海道の小樽築港機関区に配属となり、1972（昭和47）年まで使用された。

さて、当館ではC62形の1号機、2号機、26号機の3両を保存展示している。1号機は山陽本線、東海道本線で使用された後、廃車された。山口の小郡機関区での保管を経て国鉄の広島鉄道学園（鉄道学園＝鉄道省の鉄道教習所を前身とする教育施設）で静態保存されていたが、同学園は閉鎖となり、1994（平成6）年から梅小路蒸気機関車館で保存展示されることとなった。

2号機は1948（昭和23）年から山陽本線、東海道本線で使用された後、1957（昭和32）年に小樽築港機関区に配属されて北海道で使用された。なお、本機の最大の特徴である除煙板の「スワローエンゼル」と通称される燕（つばめ）マークは、大阪市の宮原機関区に配属されていた1950（昭和25）年に取り付けられたものである。その後、1972（昭和47）年10月の梅小路蒸気機関車館の開館に合わせて同館の動態保存機として保存展示され、同館での展示運転や体験乗車の牽引機関車として活躍してきた。現在でも当館の体験乗車「SLスチーム号」の牽引機関車の一つとして活躍している。

26号機も1948（昭和23）年の製造で、山陽本線、東海道本線で使用され、廃車後の

東海道本線では東京―大阪間を結ぶ特急「つばめ」、特急「はと」の牽引機として活躍した（大阪駅で1955（昭和30）年3月19日撮影）

C62形31号機　1954（昭和29）年4月

1966（昭和41）年から大阪市の交通科学館（後の交通科学博物館）で静態保存機として展示され、当館の開館にあたって移設された。

C62形は、日本における蒸気機関車の最後の時代を駆け抜けた象徴《しょうちょう》のひとつである。見学の折には、当館の3両それぞれが歩んできた歴史に思いをはせつつ、じっくりとその雄姿をご見学いただきたい。

（廣江正幸）

客車内から撮影されたC62形23号機（呉線にて）。特急「ゆうづる」の牽引機として知られた23号機は、「常磐の女王」と称されることもあった。

C62形2号機

梅小路蒸気機関車館時代の展示運転

転車台上のC62形2号機（梅小路機関区）
1977（昭和52）年

アルバム

往時の梅小路蒸気機関車館（SL館）

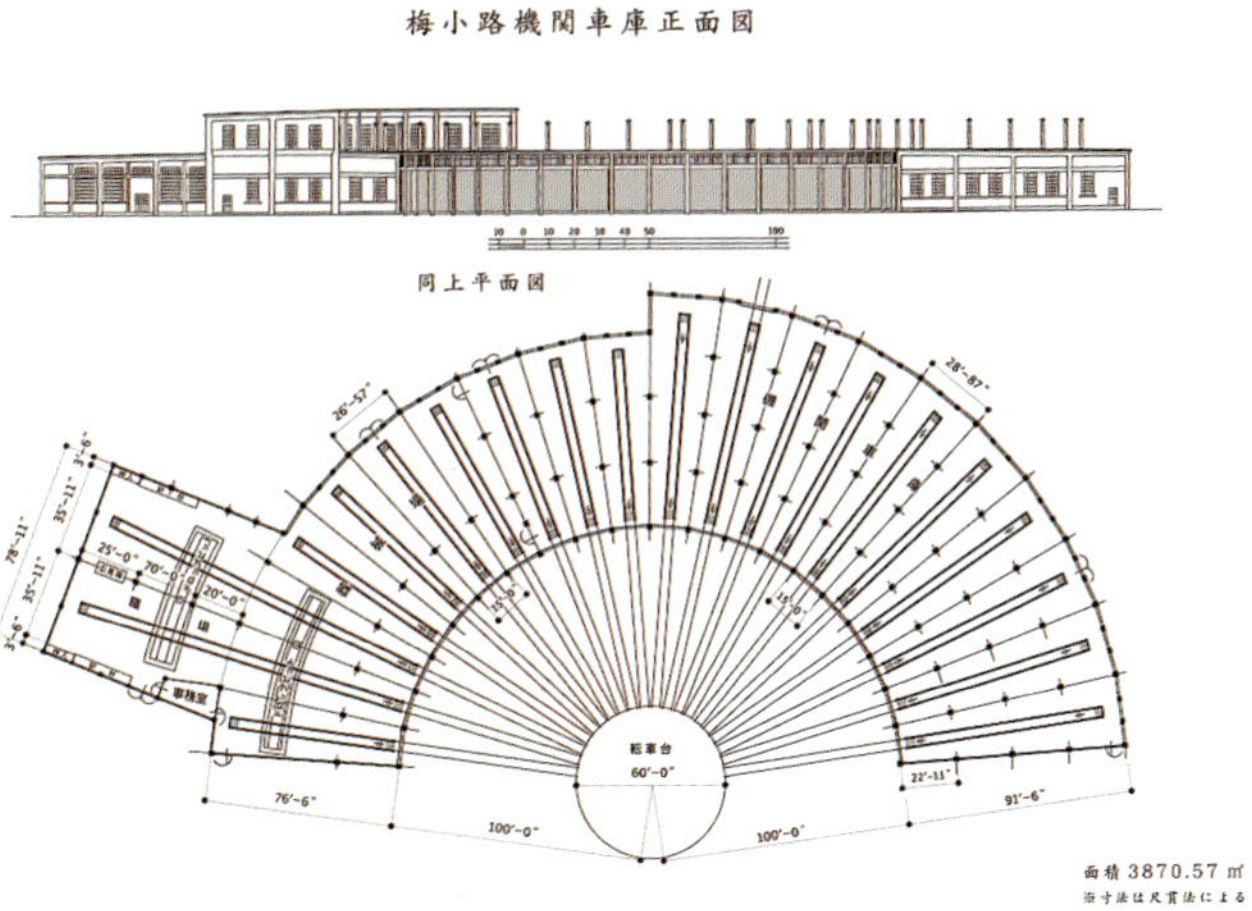

梅小路機関車庫図面

展示運転　1977（昭和52）年

展示運転の見学風景　昭和50年代

梅小路機関区の給炭水作業
1983（昭和58）年1月　撮影：松原紀夫氏

梅小路機関区に駐留されたEF65形電気機関車
1980（昭和55） 年

ワットの復動式蒸気機関の模型
往復運動を回転運動に変換する様子が見て取れる。なお、この蒸気機関模型では蒸気を発生させるボイラー部分は再現製作していない。

ワットの蒸気機関

社会生活を大きく変化させた一大発明

イギリスの機械技術者・発明家であるジェームズ・ワット（1736年生〜1819年没）は、機器製造の工房を営む傍《かたわ》らで蒸気機関（蒸気エンジン）に興味を持ってその研究を開始し、産業用の蒸気機関を製作した。当初、その蒸気機関は鉱山で水を汲《く》み上げる揚水《ようすい》用の動力として使用されていたが、後により様々な産業用の動力として使用できるようにするため、ピストンの往復（上下）運動を回転運動に変換する改良などが加えられた蒸気機関を完成させ、これが広く普及していった。

当時、イギリスでは産業革命が始まっていたが、産業用の動力には水車が使用されていたため、工場などの建設地は河川の付近に限定され、渇水《かっすい》の際には水車が止まって機械操業が停止してしまうといった難点があった。このため、水車に代わる動力源が求められ、蒸気機関の開発が進展していったのである。そして、ワット以外にも多くの技術者が蒸気機関の改良に取り組み、それによって工業製品の大量生産が可能となった。また、蒸気機関を動力源とした汽船や、車両にこれを搭載した蒸気機関車、蒸気自動車（スチームビークル）、農業用の蒸気トラクターや道路舗装用のローラー車（トラクションエンジン）なども登場し、19世紀は「蒸気機関万能の時代」と形容されるほどに蒸気機関が産業や交通を発展させ、社会生活を大きく変容させていった。

当館では、ワットが1778（天明8）年に製作した蒸気機関を、1987（昭和62）年に国鉄の鷹取工場が3／5の縮尺で再現製作した可動模型を展示している。

なお、1804（文化元）年にリチャード・トレビシックが蒸気機関車を開発し、ウェールズのペナダレン製鉄所と運河の間で資材輸送に使用された。その後1825（文政8）年に世界初の公共鉄道として開業したストックトン・アンド・ダーリントン鉄道では、ジョージ・スティーブンソンが製作した蒸気機関車「ロコモーション」号が主に石炭の輸送用として使用された。そして、1830（文政13）年にはリバプール・アンド・マンチェスター鉄道において、ジョージ・スティーブンソンが息子のロバートとともに従来の蒸気機関車を改良して開発した「ロケット」号が使用され、同機はその後の蒸気機関車設計の基礎となったことから、スティーブンソンは現在でも「鉄道の父」、または「蒸気機関車の父」と称されている。（廣江正幸）

アメリカのペリー代将が日本来航時に搭乗していた蒸気船「サスケハナ」（黒船）の模型

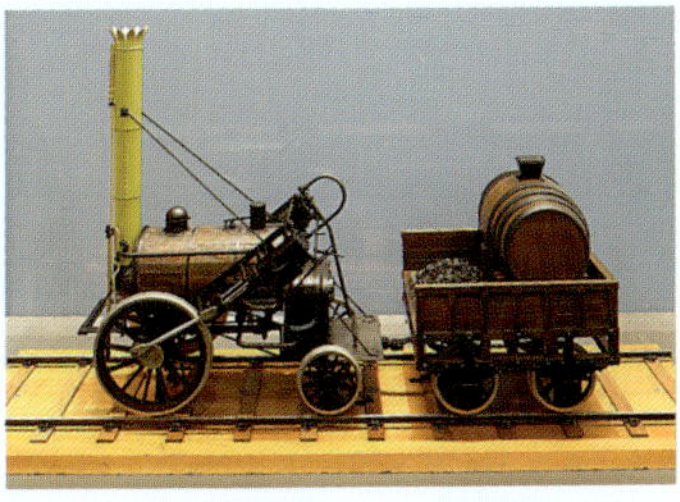

「ロケット号」の模型

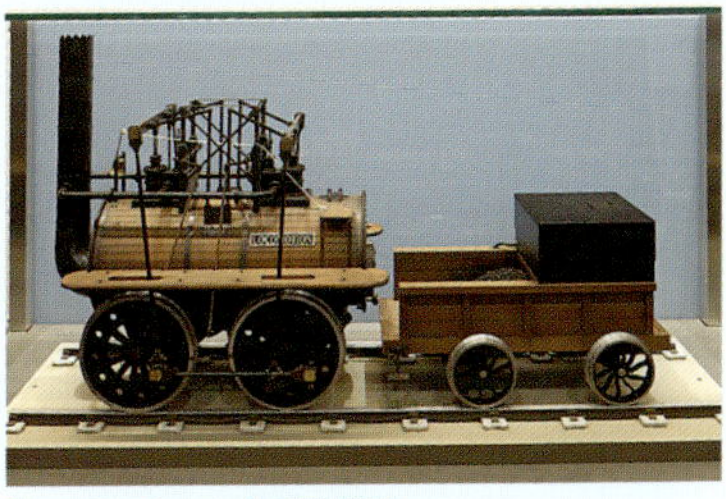

「ロコモーション」号の模型

投炭練習の様子（昭和初期の梅小路機関区）

投炭練習機

SL動かす「投げ」の技

灼熱《しゃくねつ》の炎めがけて、機関助士（JR西日本では、運転士と呼んでいる）が石炭をくべる、投炭作業を見たことがあるだろうか。投炭をする焚き口の前で作業を行うと、熱気によって汗がすぐに蒸発し、肌も赤くなる。夏場には、運転席の温度が50度を超えることもあるそうだ。

石炭が燃える箇所は「火室」といい、火室の温度は最高1500度にも達する。火室で燃焼させた石炭の熱によってボイラー内の水を沸騰させることで蒸気が発生し、この蒸気を利用することで蒸気機関車は走行できるのである。

機関助士は、適当に投炭をしているかのように思われるかもしれないが、決してやみくもに投炭しているわけではない。火室内に偏りなく投炭しなければ、火が均等に燃え広がらない。偏りがあると、不完全燃焼を起こし、火室内の温度が一時的に下がって蒸気が減ってしまうなど、蒸気機関車の走行に支障を及ぼす恐れもある。

　このように効率よく投炭を行う技術を習得するための器具が「投炭練習機」である。投炭練習機の火室は碁盤の目に区切られ、縦に英字、横に数字の表記があり、訓練や試験では定められた位置に投炭することが求められた。

　機関助士になるためには、運転免許などのほか、この投炭のテストに合格しなければならないため、機関助士は日頃から練習を行っていた。その主な内容は、火室に決められた順序でスコップ１５０杯の石炭（およそ３００キロ）を7分30秒の間に、たき口から正しく投炭するというもので、試験に合格するためには、1日5～6回、最低でも約1カ月以上の練習が必要であった。

　一見、容易に見える投炭だが、大スコと呼ばれる大きいスコップは、石炭の重量も含めると約2キロにもなる。D51形蒸気機関車の場合、1キロ走行するのに必要な石炭の量は、およそ40キロにもなるので、20回は投炭しなければならない。晴れて機関助士に合格しても、腰痛などのためやむをえずその職を辞することも少なくなかったという。

　当館の旧二条駅舎内では、実際に使用されていた投炭練習機を保存・展示しており、一回の投炭で使用する石炭の量を再現した大スコも展示している。これをご覧になれば、蒸気機関車の運転がいかに重労働であるのかを理解していただけるのではないだろうか。

（吉田和博）

梅小路蒸気機関車館で行われていた展示運転での投炭作業

梅小路機関区の庫内手投炭練習
1940（昭和15）年頃

「SLスチーム号」をけん引する8620形8630号機（左）と、展示運転中の7100形7105号機「義経」号

動態保存機とSLスチーム号

蒸気機関車の時代を体感

当館で保存・展示している53両の車両のうち、蒸気機関車は約半数の23両を占める。これは、当館の前身施設の一つが、もともとこの地にあった「梅小路蒸気機関車館」だったことが大きい。

明治・大正・昭和の各時代を駆け抜けた蒸気機関車のうち20両が扇形車庫に集い、その姿を今日まで伝えている。

特に、現在も走ることのできる状態に整備している「動態保存」の蒸気機関車8両は、さながら「生きてきた時代の証人」である。この8両のうち、C57形1号機は現在でも営業線上で運転可能な仕様で動態保存されており、北陸本線の「SL北びわこ」（米原―木ノ本間）や山口線の「SLやまぐち」（新山口―津和野間）として列車をけん引している。2017（平成29）

年からはD51形200号機も営業線運転が可能な仕様に戻され、「SLやまぐち」として復活運転を行った。

　蒸気機関車は用途に合わせて形態が変わる。一番大きな違いは、石炭と水を積載する炭水車（テンダー）の有無である。炭水車を持つ蒸気機関車は「テンダー機関車」と呼ばれ、主要路線、長距離、優等種別けん引を目的として製作された。

　一方、機関車本体の後部に石炭と水を積載し、炭水車を持たない蒸気機関車を「タンク機関車」と呼ぶ。こちらはローカル線、短距離、入換用などでの使用を主眼としたものだ。

営業線上で客車をけん引するD51形200号機（2017（平成29）年）

C57形1号機は1979（昭和54）年から山口線を走り、来年には40周年を迎える（2008（平成20）年）

C56形160号機は2018年5月で営業線上から引退、今後は「SLスチーム号」をけん引する予定（2017（平成29）年）

当館では、動態保存の蒸気機関車を活用して、「ＳＬスチーム号」を運行している。蒸気機関車にけん引された客車に乗り、梅小路公園南口まで約５００メートルの往復乗車を楽しめる。今の電車などとの仕組みや動きの違い、また蒸気機関車が列車をけん引していた時代の様子を体感できる。

「ＳＬスチーム号」の客車は当館の開業に合わせて新造し、さらに多くの来館者が乗車を楽しめるようにした。

この客車は２両編成で、それぞれ「オハテ３２１―１」「オハテフ３１０―１」という車両番号を付与している。客車は聚楽《じゅらく》ぶどう色で塗装され、車内外にはかつて活躍した優等列車をイメージした装飾やヘッドマークデザインが施されている。

乗車中は梅小路公園に広がる自然や、当館の周りを走っている東海道新幹線、ＪＲ京都線・嵯峨野線などの在来線列車が行き来する様子を見られる。

「ＳＬスチーム号」に乗車した後は、蒸気機関車がホームから発車していく様子もぜひ見学してほしい。一つ一つの部品が組み合わさり複雑な動きをしながら、蒸気が機関車に動力を伝え、走り出す様子を観察すれば、さらに蒸気機関車に興味を持っていただけることだろう。（廣田琢也）

聚楽ぶどう色が映える「SLスチーム号」の客車オハテフ310―1

鉄道車両　ディーゼル

客車列車をけん引するDD54形1号機　昭和40年代撮影

DD54形ディーゼル機関車

日独の技術が融合した「箱形」

ディーゼル機関車といえば、側面から見た形が「凸形」の車両をイメージすることが多いのではないだろうか。しかし、DD54形はディーゼル機関車としては斬新なスタイルの「箱形」。特に前面の形状は、どこかヨーロッパの機関車を連想させる。

このDD54形は、地方の主要線路で旅客列車と貨物列車の両方をけん引することを目的に開発された。

1962（昭和37）年に新三菱重工業が試作したDD91形を基にしており、国鉄はこのDD91形を借り入れ、山陰本線の京都―福知山間で試用を開始した。その結果が良好だったため、DD54形として開発・量産されることとなった。

1966（昭和41）〜1971（昭和46）年に40両が製

造されたが、この時は、高性能の大型ディーゼル機関車DD51形の製造が始まった段階だった。

DD51形がエンジンを2基積んだ構造であったのに対し、DD54形は大出力エンジン1基を搭載することで、製造と保守の費用を下げることが模索された機関車だった。エンジンと変速機は旧西ドイツの技術が採用され、いわばドイツと日本の技術が融合した機関車となった。

だが、他の国産ディーゼル機関車とは異なる構造だったことで、保守点検が容易ではなかった。エンジン、変速機ともに、当時は「芸術品」と呼ばれたほど複雑で繊細な技術が採用され、整備や修理の苦労が絶えなかったようだ。

特に国鉄の仕様に合わせて機関車に改良を加える際、部品によっては技術提携が行われていたため、そのたびに旧西ドイツのメーカーからの許可が必要となり、他の車両のように敏速な対応がとれなかった。

このような背景もあり、DD54形はその性能を十分に生かせず、結果的に保守費用も高くなり、当形式が活躍した期間は短かった。しかし、この純国産と異なるスタイルは1966（昭和41）年のデビュー時から、鉄道ファンをはじめ多くの人々を魅了した。

当形式は、普通列車以外にも特急「出雲」など花形列車のけん引も任され、山陰本線や福知山線を中心に国鉄が当時進めた、蒸気機関車から電気やディーゼル機関に動力を置き換える、いわゆる「無煙化」にも貢献した。

当館では、主に山陰本線や福知山線で活躍した33号機を、寝台特急「ブルートレイン」の食堂車ナシ20形と連結して展示している。特急列車を牽《ひ》く華々しい姿を想像しながら、機関車の開発に取り組んだ国鉄の技術者たちの挑戦を感じていただきたい。　（島崇）

DD54形の運転座席

京都鉄道博物館で保存・展示されているDD54形33号機内の大型ディーゼルエンジン

かさ上げ展示しているDD51形756号機

DD51形ディーゼル機関車

貨物から特急までけん引

ＤＤ51形ディーゼル機関車（以下、ＤＤ51形）は、１９６２（昭和37）年に幹線用ディーゼル機関車として登場した。１９７８（昭和53）年までに６４９両が製造され、動力の近代化に大きく貢献した日本を代表するディーゼル機関車である。

ディーゼル機関車とは、軽油を燃料とするディーゼルエンジンを動力として搭載した車両のことである。蒸気機関車と比較すると、保守が容易なうえ、製造費が安価であった。

戦後も機関車の主力として活躍していた約６千両の蒸気機関車は、ディーゼル機関車や電気機関車へと置き換えられてゆき、昭和30年代後半には動力の近代化が大きく進展した。

DD51形の牽引する12系旧形客車編成

　1959（昭和34）年に国鉄が提唱した「動力近代化計画」の主な命題は、輸送力の向上と、煙を出さない輸送を目指すというものだった。このため国鉄は、日本の地形や使用条件に適した国産ディーゼル機関車の開発を急ぎ、DD51形の量産化を成功させた。

　DD51形は、車両の前後に大型本線用エンジンを一基ずつ搭載し、中央部が運転室という凸形スタイルが特徴である。凸形にすることで製造コストが低減でき、ボンネットを開けるだけでエンジンの保守作業が可能という利点があった。

　1号機は東北地方の北部で試用され、その後に製造された量産機は岩手県以北や熊本県以南、長崎本線の特急列車でけん引機として使用された。

　貨物列車から特急列車まで、非電化区間のけん引機として長く活躍してきたDD51形は、日本のディーゼル機関車の基礎を築き、その技術はDE10形ディーゼル機関車などの開発に生かされていった。

　当館で展示する756号機は、熊本機関区に配属後、九州の肥薩線などでの使用を経て、1980（昭和55）年に東新潟機関区へ配属となった。その後、JR貨物に引き継がれ、2011（平成23）年には門司機関区へ配属となったが、2014（平成26）年に廃車となり、その活躍を終えた。

　当館では当初、地盤を深く掘り下げ、DD51形を車両下から見上げる形での展示を検討したが、建物が平安時代の朱雀大路の遺構を損なわない「かさ上げ展示」を採用した。

　DD51形の真下を歩きながら、台車や変速機といった実際の機構を間近でぜひ見学していただきたい。（久保都）

20系客車をけん引するDD5124号

本館一階で展示中のDD51形756号機の運転室

キハ81形ディーゼルカーに加え、昭和乃駅とミゼットが情景展示に花を添えている

キハ81形ディーゼル動車

非電化区間を快適・高速化

昭和30年代、国鉄は動力近代化計画を打ち出し、蒸気機関車を計画的に廃止しつつ、代わりとして電車や軽油を燃料とするディーゼル機関車・ディーゼル動車に置き換える計画を進めていった。

ディーゼル動車は、戦後の1950（昭和25）年ごろから動力近代化の担い手として本格的な技術開発が行われ、出力180馬力の標準エンジンDMH17形が開発されていた。そして、その集大成としてキハ81形ディーゼル動車（ディーゼルカー）が1960（昭和35）年に登場した。このキハ81形は特急「はつかり」として上野―青森間で活躍した、日本最初の特急用ディーゼル動車である。

キハ81形は、先頭車がボンネット形であったため、編成の分割や併合ができなかった点や、車内用の発電機器が先頭車にあるため長大編成が組みづらいといった欠点もあった。このため、翌1961（昭和36）年から先頭車が貫通式である改良形のキハ82形が大量に製作された。

しかし、キハ81形は冷暖房やオール電化キッチンと、それらの電力をまかなう電源用発電セットが装備された点や、従来のディーゼルカーのイメージを破った斬新なボディスタイルなどは、これ以降のディーゼル特急の先駆けであった。まさに非電化区間の特急列車の快適さと高速化は、このキハ81形の登場によって可能になったといえるであろう。

このキハ81形は、登場時から特急「はつかり」として活躍した後、1968（昭和43）年10月以降は、特急「つばさ」として、翌年からは特急「いなほ」「ひたち」としても活躍した。紀勢本線では特急「くろしお」としても活躍したが、1978（昭和53）年10月に紀勢本線の和歌山―新宮間の電化完成を機に電車特急にバトンタッチしていき、翌年には全車が廃車となった。

当館では「昭和乃駅」と共に展示しているキハ81形ディーゼル動車。当時を知る方も知らない方もこの時代の旅情やロマンを感じていただけるだろう。

（飯田一紅子）

ボンネット部分を開いたキハ81形

運転室内には灰皿（中央左）が備えられ、喫煙をめぐる当時と現在の社会情勢の違いがうかがえる

DMH17系エンジン

国鉄の列車で広く使用されたディーゼルエンジン

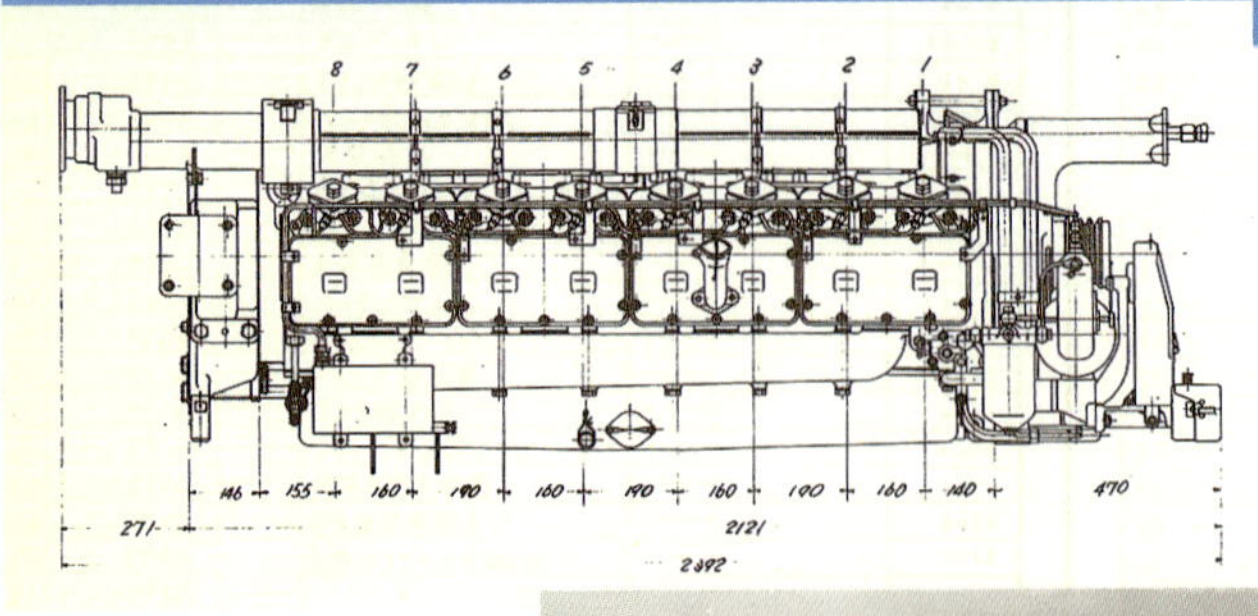

DMH17Hエンジンの図面

1892（明治25）年にルドルフ・ディーゼル（ドイツの機械技術者）が発明したディーゼルエンジンは、重油などの液体燃料が使用されていたことから当初は「オイルエンジン」と呼ばれていた。鉄道車両のディーゼルエンジンでは、軽油が燃料として使用されている。

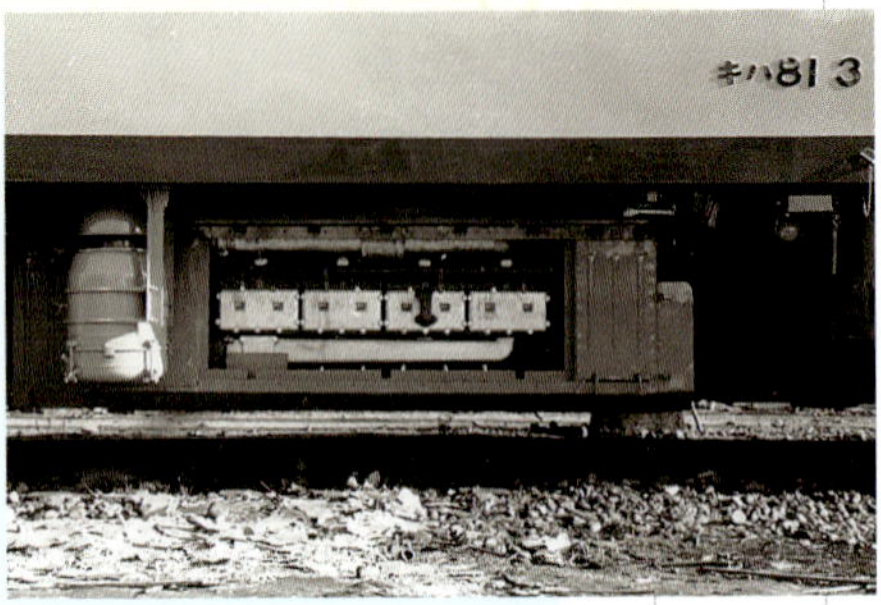

DMH17系エンジン

DMH17系エンジンは、1953（昭和28）年から量産されたディーゼルエンジンで、国鉄ではディーゼル機関車と普通・急行列車用のディーゼルカーで使用されていた。当館では、本館一階にて実物の可動カットモデルを展示している。なお、「DM」が「ディーゼルモーター」（Diesel Motor）、「H」が「8気筒」（アルファベットの8番目）、「17」が総排気量「17リットル」を表している。

（廣江正幸）

実物の可動カットモデル

鉄道車両　電気

本館1階で保存・展示しているEF52形1号機

EF52形1号機

国産電気機関車の幕開け

「本館に入った時、最初に目に止まる車両は何ですか」とお客様に問いかけると、500系、581系、489系の3車両、との回答が多く得られるだろう。SLや記念物に詳しい方なら、233号蒸気機関車とお答えになるかもしれない。しかし入口から真正面に見えるはずの、一番奥に展示している茶色の機関車は、その色合いもあり残念ながらあまり目立たない。

この機関車はEF52形1号機。我が国の電気機関車の歴史上、極めて重要な意味を持つ機関車のうちの一両である。

わが国を代表する幹線の一つである東海道本線の電化が開始されたのは1914（大正3）年。だが当時、電気で走る車両は東京―高島町（現在の横浜駅の近く）間などの短距離電車に限られ、それ以外の列車は引き続き蒸気機関車がけん引していた。

　長距離列車けん引に電気機関車が抜擢されたのは、1925（大正14）年だ。東京―国府津《こうづ》間の電化が完成した時で、同時期に電化した横須賀線走行用と併せて、鉄道省は諸外国から10種類以上、56両の電気機関車を輸入した。

　しかし多くの種類を抱えた現場は、保守の手間に悩まされた。一種類ごとに部品や特性、保守方法が異なるからである。これを契機に、電気機関車の国産化、部品の共通化が求められることとなり、開発されたのがEF52形である。

　EF52形の特徴は、もちろん国産初の大型電気機関車だということにあるが、部品の共通化を図るため、鉄道省が国内メーカーを招集して共同設計した、という点も大きい。これは各社が、自らの規格で次々と機関車を製造してしまうと、当初の目的が達成されないためである。

　当館で保存・展示している1号機はEF52形の初号機で、1928（昭和3）年に日立製作所で製造された。国府津機関庫に新製配置され東海道本線の長距離列車をけん引したが、EF52形は専ら普通列車や準急列車のけん引に使われ、急行列車は先輩格の輸入電気機関車EF50形によって運転された。

　1934（昭和9）年に丹那トンネルが開通し東海道本線が熱海経由に変更されると、1号機は僚機とともに沼津機関庫へ移り、引き続き東京までの直通列車をけん引した。

　戦中を東海道本線で過ごした1号機は1952（昭和27）年、新天地となる阪和線に転身し、1973（昭和48）年に廃車となるまで、客車列車や貨物列車のけん引で活躍した。

　EF52形はアメリカから輸入したEF51形をモデルに開発されたこともあり、アメリカンスタイルとも評される、少々武骨なフォルムとリベット打ちが特徴的である。また動輪6軸のデッキ付というスタイルは、後に登場するEF58形（初期型）まで引き継がれ、国産直流電気機関車の礎ともなった。

　当館で余生を過ごすEF52形1号機は、見た目は少々地味かもしれない。しかしこれからは、往時の鉄道輸送を支えた姿を重ねて見ていただけるだろう。


（廣田琢也）

貨物列車を重連でけん引するEF52形1号機と7号機
（撮影年不明、昭和40年代と推定される）

当館で保存されているEF65形電気機関車の1号機

EF65形電気機関車

大量製造で用途多様に

東海道本線を走る列車内から当館を眺めると、トワイライトプラザを覆う屋根の下に、2両の展示車両が見える。そのうち青色とクリーム色の機関車が、今回紹介するEF65形電気機関車の1号機である。

EF65形は1965（昭和40）～1979（昭和54）年の14年間に、国鉄の電気機関車としては他に類を見ない、308両もの車両が大量製造された直流電気機関車だ。製造時期によって求められる用途が異なっていたことから、それぞれが番代で区別された。

車両番号が0番代の車両は一般型と呼ばれ、先に開発されたEF60形電気機関車の改良形として、主に一般貨物をけん引する目的で製造された。続く500番代は、寝台特急用P型（Pはパッセンジャー・旅客の意）、高速貨物

寝台特急「あかつき」をけん引するEF65形電気機関車500番代（1968（昭和43）年）

用F型（Fはフレイト・貨物の意）が製造された。0番代と外観の塗装を色分けして区別し、初代「ブルートレイン」として開発された20系客車をけん引する設備を搭載していた。またF型には、10000系高速貨物用貨車けん引のための装置も備えた。

最後に、客貨両用となる1000番代PF型が製造された。これはP型とF型両方の機能を併せたような車両で、2両連結して運転する時のために先頭中央部へ扉を設けたことから、外観が大きく変わった。現在、定期列車はけん引していないが、臨時列車や工事列車のけん引機関車として残されている。またJR貨物に所属するPF型は2000番代と改番され、現在も貨物列車けん引で活躍している。

当館で現在保存しているEF65形1号機は、一般型の1両目として川崎車輌・川崎電気製造が1965（昭和40）年に製造した。一時期は愛知県の基地に転属したが、生涯のほとんどを大阪府の吹田第二機関区（現JR貨物吹田機関区）所属で過ごした機関車だ。1987（昭和62）年に廃車となった後は、大阪府の宮原機関区（現JR西日本網干総合車両所宮原支所）で保存されたが、姿を見せることがなく、鉄道ファンの間では解体のうわさも流れたほどだった。

当館のスカイテラスからは、東海道本線を走るJR西日本やJR貨物のPF型が眼前に見られる。当館で保存している1号機との違いをぜひ見比べていただきたい。

（廣田琢也）

EF65形電気機関車1000番代。当館のSLをけん引することもある（2017（平成29）年）

館内で展示しているEF66形35号機。車両をかさ上げしており、下からも見ることができる

EF66形電気機関車

高速貨物列車をけん引して半世紀

50年以上も前に設計された電気機関車が、今も貨物列車をけん引していることをご存知だろうか。当館で保存・展示している車両の中には、いくつか現役で走行している車両もあり、EF66形電気機関車もその一つだ。

EF66は、1965（昭和40）年度から実施された国鉄の第3次長期計画によって設計が開始された電気機関車である。1968（昭和43）年から1975（昭和50）年までと、1989（平成元）年から1991（平成3）年までの二つの期間で計89両が生産された。

鉄道で使われている電気には直流と交流がある。EF66は直流電化されている東海道本線・山陽本線において、貨物列車を高速でけん引することができるよう設計され、1千トンの列車を時速100キロでけん引できる性能を有していた。

　EF66が製造される2年前の1966（昭和41）年に行われたダイヤ改正では、最高時速100キロの貨物列車が設定され、EF65電気機関車を2両連結して対応していた。しかし、架線での電力負荷が大きくなるため、1両でけん引できる電気機関車が求められた。

　このためEF66は、従来の電動機（モーター）よりも高出力となるよう、磁極数を4極から6極にして回転数を高めるなどし、約1・5倍の出力を得ることができた。

　1966（昭和41）年、試作機のEF90形が完成し、2年ほどの試験運転を経て、1968（昭和43）年より量産が開始された。同年10月に「ヨンサントオ（4・3・10）」と呼ばれる大規模なダイヤ改正が行われると、世界最大の出力を持つ電気機関車（当時）として登場し、高速貨物列車のけん引機として活躍した。

　その後、1985（昭和60）年には、東京―九州間の寝台特急列車がそれまでより重い15両編成・540トンで運行されることになり、大きなけん引力の機関車が必要となった。このため、EF66が寝台特急列車もけん引し、2009（平成21）年に東京発着の寝台特急が廃止されるまで続いた。

車両下部を見学できるEF66のかさ上げ展示

　当館で展示しているEF66形35号機は、1987（昭和62）年に国鉄からJR貨物に移管された機関車。車両を下からのぞける「かさ上げ」展示を行い、階段を下りると、大出力の電動機などを含む車両下部が見られる。また、運転台部分も展示しており、運転席や操作機器類を見学できる。こちらは運転席に座り運転士の気分を味わうことができる。ぜひ、合わせてご覧いただきたい。

（藤本雅之）

ブルートレインを牽引するEF66形

EF66形の運転台（カットモデル）

改築中の京都駅ホームで特急「はるか」と並ぶ「トワイライトエクスプレス」
1995（平成7）年2月

ＥＦ81形電気機関車

旅客・貨物で活躍した汎用性《はんよう》の高い標準形機関車

ＥＦ81形電気機関車は、在来線の３種類（直流１種類、交流50Ｈｚと60Ｈｚの２種類）すべての電化方式に対応する交直流電気機関車として１９６８（昭和43）年に開発された車両である。直流電化区間・交流電化区間での連続走行を可能にしたＥＦ81形は、北陸地方での試験走行や貨物列車を中心とした営業運転を経て、１９６９（昭和44）年10月１日から本格的な運用が開始され、寝台特急「日本海」（大阪―青森間）の牽引機などとして活躍するようになったが、いずれも金沢（石川県）から東での部分的な区間運用であった。その後、次第に運用区間が拡大されて全国各地で活躍し、１９７５（昭和50）年には寝台特急「日本海」（大阪―青森間）の大阪―秋田間、寝台特急「つるぎ」

の大阪―新潟間の全区間などでも運用された。そして、JRグループ各社発足後も全156両が各社に分配された。

当館で保存・展示しているEF81形103号機は、1974（昭和49）年に製造された後、敦賀第二機関区に配置となり、運用が開始された。その後、1989（平成元）年に塗色が変更され、連結器の交換や強化型緩衝装置の装備なども行なわれ、大阪―札幌間を結ぶ寝台特急「トワイライトエクスプレス」専用の牽引機として活躍した。

そして、「トワイライトエクスプレス」の廃止にともなって2015（平成27）年に廃車となり、当館のトワイライトプラザに移設されて現在に至っている。この他、当館では「トワイライトエクスプレス」に使用された車両として、スロネフ25形501号車（定員6名のA寝台車でスイートルーム1室、ロイヤルルーム4室）、スシ24形1号車（愛称「ダイナープレヤデス」の食堂車）、オハ25形551号車（愛称「サロンデュノール」のサロンカー）、カニ24形12号車（発電機を搭載した電源車）も保存・展示している。

（廣江正幸）

北陸本線芦原温泉駅
撮影：2008（平成20）年

トワイライトプラザに保存・展示されているEF81形103号機

「トワイライトエクスプレス」のヘッドマーク

スロネフ25形のロイヤルルーム

日本初の寝台車（山陽鉄道一等寝台車）

寝台列車

長距離移動の旅に欠かせず

1900（明治33）年4月、私鉄の山陽鉄道（現在の山陽本線など）が日本初の寝台車として1等寝台の運用を開始した。同年10月には、官設鉄道も東海道線の急行列車に1等寝台を連結して運用を開始する。

明治期から昭和初期にかけての寝台車は、料金が高額の1・2等のみで、主に3等車に乗る庶民には高嶺《たかね》の花だった。しかし、昭和初期の不況で寝台車の利用が減少すると、需要喚起策として1931（昭和6）年に3等寝台が設けられ、利用者が増えていった。

こうした影響で、1934（昭和9）年に東海道・山陽本線以外の1等寝台は廃止となる。1941（昭和16）年には戦時体制によって3等寝台も廃止、さらに戦局が悪化した1944（昭和19）年には、1等車、食堂車とともに寝台車自体が全廃となった。

やがて終戦を迎えると、寝台車の運用は連合軍関係の専用列車のみで再開されたが、戦後の混乱が一段落した後は一般人の利用も可能となった。

1958（昭和33）年、青色の塗色で統一された20系客車が寝台特急「あさかぜ」（東京―博多）で使用開始された。その後、ブルートレインの愛称で親しまれた青い客車による寝台列車の運行が増加していく。

そして、効率的な長距離移動の手段として利用された寝台列車は、1960〜70年代に全盛期を迎えた。しかし、新幹線、航空機、高速道路などの発達により、需要は次第に減少。現在の定期運行はサンライズエクスプレス（「サンライズ瀬戸」・「サンライズ出雲」、東京―高松・出雲市）のみである。

一方で、1980〜90年代には旅を楽しむための豪華な寝台列車として、「北斗星」、「トワイライトエクスプレス」、「カシオペア」が人気を博して一時代を築いた。

最近ではより豪華な内装・宿泊機能を備え、旅を満喫するためのさまざまなサービスが提供される新しいタイプの列車も登場してきている。

2013（平成25）年にJR九州の「ななつ星 in《イン》九州」が運行を開始。また2017（平成29）年の5月にはJR東日本の「TRAIN《トラン》 SUITE《スイート》 四季島《しきしま》」、さらに6月にはJR西日本の「TWILIGHT《トワイライト》 EXPRESS《エクスプレス》 瑞風《みずかぜ》」が新たに運行開始となった。

当館で展示しているEF81形などの寝台列車をけん引した機関車や、オロネ24形などの寝台車の見学を通して、世代ごとに異なるであろう寝台列車の思い出を懐古《かいこ》してみてはいかがだろうか。

（廣江正幸）

惣郷川《そうごうがわ》橋梁（山口県）を走行する「TWILIGHT EXPRESS 瑞風」

20系客車（寝台特急「あさかぜ」）

館内に展示中の80系電車

80系電車

長距離運行のパイオニア

当館のプロムナードで多数展示している車両の中でも、緑とオレンジのツートンカラーで一際目立つ80系電車。人気の0系新幹線や昭和初期の食堂車や寝台車などが並ぶ中、車内をのぞきつつ「懐かしいね」と通り過ぎる来館者も多い。

色も車内もどこかで見たことのあるようなこの80系電車は、1950（昭和25）年に日本で初めて長距離用の電車として登場した。

それまでの国鉄の電車は短距離運行が多く、長距離輸送は機関車による客車のけん引が主だった。日本の地理的条件や、当時豊富でない土木設備の中で、今後は高密度輸送が必然性を増すと予想され、動力分散方式の電車が旅客輸送に適していると考えられていた。

つまり、客車のように一両ずつ切り離して取り扱わず、設計から運転、保守などが全て編成単位で行われることで、列車の運行や走行性能の安定性の向上につながった。これは一つの転機で、電車での長距離運行のパイオニアとも言えるだろう。

この80系電車の開発は、D51形蒸気機関車などの設計に携わり、後に登場する0系新幹線の開発にも多大な力を尽くした島秀雄氏が主導して行われた。戦時下で見通しや計画が難しい中、台車を含めた車両の足回りやモーター、ブレーキなどの研究が進められて生まれた電車であった。

運用開始当時は、まず東京―沼津・熱海間を結ぶ列車として使用され、朝夕は通勤客の利用、昼には観光客の輸送に対応できるよう、車内も工夫が凝らされた。

立席利用客のために、車両の両端にはつり革が設けられ、座席の上端には握り取っ手が取り付けられた。また長距離用電車ということで、トイレも設置された。これは現在のものとは違い、いわゆる垂れ流し式のトイレになっていた。

その他、電灯もクロスシートの左右に灯りが届くよう二列一方向に設けられるなど、車内の居住性にも留意された。

当館で展示している80系電車は最初に発注された車両群（一次車）で、先頭車両が三枚窓であることや、座席の背もたれの上半分がモケット生地ではなく板張りになっているのが特徴として挙げられる（車内は通常非公開）。二次車から先頭車は二枚窓、背もたれは全てモケット仕様になった。

客車から電車へという時代を切り開いた80系電車は、その後の電車の高速化にも貢献した、エポックメーキングといえる車両である。

（飯田一紅子）

80系電車の車内

運行開始初日の特急「こだま」。当館の常設展示『車両のしくみ』では151系先頭部分のモックアップ（実物大模型）を展示している

151系電車

東京―大阪間が日帰り可能に

1958（昭和33）年11月1日、151系電車（当初は「20系電車」、翌年「151系電車」に改称）による国鉄初の電車特急「こだま」（東京―大阪、神戸間）の運行が開始された。

151系電車は、日本初の本格的な特急用の長距離高速電車として開発された車両で、空気ばねの採用による乗り心地の改善や、冷暖房完備などによるサービスの向上が図られるとともに、最高運転速度は時速110キロの性能を誇り、それまで7時間30分かかっていた東京―大阪間の所要時間を、6時間50分（後に6時間30分）で結ぶという大幅な時間短縮を実現した。

「こだま」は1日に東京―大阪間の「第一こだま」と、東京―神戸間の「第二こだま」（7時間20分）の二本が設定されており、東京―大阪間の日帰りによる往復が可能となり、ビジネス活動に利用されることも多かったことから「ビジネス特急」とも呼称され、運行開始直後から人気を博した。

当時としては斬新《ざんしん》であったクリーム色と赤色の塗色も話題となったという。また、1日の間に東京―大阪間をこだま（やまびこ）のように行って帰ってくることができるという意味が込められた列車愛称と、車体に取り付けられた「JNR」（Japanese National Railways）の国鉄マークは、公募によって採用されたもので、国鉄マークはその後の特急列車にも受け継がれていく。

その後、1960（昭和35）年6月には特急「つばめ」（東京―大阪、神戸間）でも151系が使用されるようになり、「こだま」「つばめ」には豪華なパーラーカー（特別座席車）が連結された。

さらに、同年8月からは「こだま」「つばめ」で、列車と東京・名古屋・大阪の三都市を結ぶ有料の車内電話サービスも開始され、走行中の列車から三都市圏内の会社や家庭などとの電話でのやりとりが可能となった。開始初日の8月20日には、お披露目役を依頼された俳優の大村崑《こん》氏が大阪駅発の「つばめ」に乗車し、最初の利用者として車内から夫人に電話をかけ、通話の実演を行った。

なお、151系電車は国鉄の高速度試験にも用いられ、1959（昭和34）年7月31日、静岡県の島田―藤枝間で狭軌《きょうき》（国鉄在来線のレール幅）としては世界最高速度（当時）の時速163キロを記録している。そして、この高速度試験の成果は、1964（昭和39）年から運行が開始された0系新幹線電車の開発などに活かされていった。

（廣江正幸）

走行中の列車から三都市圏内の会社や家庭などとの電話でのやりとりが可能となったパーラーカーの内部。常設展示『生活と鉄道』ではパーラーカーの座席を展示している

遊園施設で撮影されたものと思われるミニ列車の写真。新幹線が登場する以前の昭和30年代当時、特急「こだま」が代表的な人気列車のひとつであったことが窺える。
【撮影：昭和30年代、撮影地不明】

103系通勤形電車

身近な「足」は0系の同期

プロムナードで同期の０系新幹線電車（左）と並ぶ103系通勤形電車（右）

「うわ、〝カエル〟みたいな電車来た」。京都駅の奈良線ホームに入線する黄緑色の電車を見て、思わず子供が言い放った。直線的でカクカクしたボディに、草原をほうふつとさせる黄緑色（正式名称は「うぐいす色」）一色のべた塗りのデザイン。先頭車に白い帯が入っているだけのシンプルな、見た目が特徴的なこの電車は、１０３系通勤形電車である。

１０３系は、国鉄史上最多の３４４７両が製造された通勤形電車の代名詞ともいえる車両である。そのゆえんは、ベースとなった１０１系通勤形電車に対して、１編成の両数を変えずにモーター車の数を減らす改良に成功したことが大きい。この改良は、通勤形電車の省エネ化と輸送力の増強を実現し、以降に登場する通勤形電車の標準形式となった。

１０３系は、１９６３（昭和38）年に首都圏で、次いで１９６８（昭和43）年には関西圏に導入された。全国で初めて導入されたのは山手線で、当時の車体塗色は〝カエル〟に似た「うぐいす色」であった。

車体には、ベーシックな色だけでも５種類の「色違いの塗色」が存在する。冒頭に紹介した奈良線や関西線の「うぐいす色」、大阪環状線の「オレンジバーミリオン」、阪和線の「スカイブルー」のほか、「エメラルドグリーン」と「カナリアイエロー」があり、それぞれ路線別に塗り分けられていた。当館のプロムナードで展示している１０３系のトップナンバー、クハ１０３形１号車の塗色である「オレンジバーミリオン」は、大阪環状線を走っていた当時のものである。

クハ１０３形１号車は、１９６４（昭和39）年に山手線でデビューし、京浜東北線を経て１９７６（昭和51）年に関西へ転属した。大阪環状線や阪和線などで車体塗色の変更を繰り返しながらも活躍していたが、２０１１（平成23）年に引退した車両である。

１０３系が登場した１９６４年は東海道新幹線の開業年、つまり０系新幹線電車のデビューした年である。０系は「夢の超特急」と呼ばれ、人々の脚光を浴び、引退した今なお多くのファンに愛されている。一方、１０３系は、半世紀を経過した現在でも、関西の地で多くの人の足として走り続けている。注目度の違いはあれども、共に日本の高度経済成長を下支えした立役者である。当館のプロムナードでは、そんな躍進期を支えた「同期」が頭をそろえて並び、互いにその栄光をたたえ合っている。

（久保奈緒子）

現役で走る奈良線の103系通勤形電車（京都駅）

館内で保存・展示しているクハ489形1号車とその車両番号表記。左の●がGマーク

489系特急形交直流電車

碓氷峠《うすいとうげ》が生んだ特殊装備

　横川駅。鉄道ファンは、その駅名を聞くと心を奪われてしまう。ファンでなくとも、「碓氷峠」や有名な駅弁「峠の釜めし」の名は、聞いたことがある人も多いのではないだろうか。

　かつて高崎―新潟間を結んでいた信越本線は、群馬県の横川駅と長野県の軽井沢駅との間に、碓氷峠と呼ばれる県境区間が存在した。

　同区間には、国鉄線内で最高となる66・7パーミル（1キロで標高差66・7メートル）の急勾配が含まれており、列車運行上の難所だった。489系特急形交直流電車は、この急勾配に対応する特殊な装備を施した車両である。

　横川―軽井沢間は1912（明治45）年に日本の幹線で初めて電化された区間だ。この頃は2本の線路の中心に凸凹のついたレールを配置し、機関車に取り付けた歯車を噛み合わせて急坂を登る「アプト式」という運転方法が採用されていたが、1963（昭和38）年からは、横川側に同区間専用補助機関車のEF63形直流電気機関車を2両連結して動力源とする方法（「粘着運転方式」）が採られた。これは、登坂時は編成の後方、降坂時は前方に機関車を連結し、機関車の動力で運転する一方、電車側は無動力扱いとなる。このため一度に通過できる両数に制約が生まれ、電車は1編成につき8両までとなった。

　しかし、利用客の増加でさらなる増結運転が望まれた。そこで、連結したEF63形からの指令で電車側も登坂時は力行し、降坂時はブレーキをかける「協調運転」が可能な電車が3種類開発された。この中で、交直流特急形電車として1971（昭和46）年に開発されたのが489系である。

　489系は、上野―金沢間を結ぶ特急「白山」や上野―長野間の特急「あさま」など、信越本線を走る特急列車で活躍した。また製造当初は京都府の向日町運転所に配属された関係で、大阪―新潟間の特急「雷鳥」や九州方面の特急列車などにも使用された。

　1993（平成5）年からは上野―金沢間の急行「能登」でも使われたが、1997（平成9）年の北陸新幹線高崎―長野間開業で信越本線横川―軽井沢間が廃止となり、本来の製造目的と性能の発揮場面を失った。それでも、上越線長岡駅経由で2010（平成22）年まで、489系で走り続けた。

　当館で保存・展示している489系の先頭車両、クハ489形1号車には、かつて碓氷峠を越えていた形跡が現在まで残っている。車両番号標記の左側に付されたGマークは、横川―軽井沢間を通過する際、下回りや連結器などを強化した車両を識別するための記号である。

　ちなみに、当館ではクハ489形1号車以外にもGマークを持つ車両を展示しているので、探してみるのも面白いだろう。

（廣田琢也）

金沢ー越後湯沢間を結ぶ特急「はくたか」でも489系の姿が見られた（2011（平成23）年）

581・583系特急形交直流電車

昼夜で変身、随所《ずいしょ》に工夫

急行「きたぐに」として走る晩年の581・583系（2008（平成20）年）

多くの利用客が行き交う、JR西日本最大のターミナル大阪駅は、かつていくつもの夜行列車が駆け抜けていった。帰宅ラッシュが一段落する頃、北へ向かう優等列車の発着する11番のりばがにわかに活気づいた。『まもなく、急行「きたぐに」新潟行きがまいります…』アナウンスが流れ、遠くに三つ目のライトが見える。乗客の視線を一身に浴びて現れた長身の電車は、今回紹介する581・583系特急形交直流電車である。

581系は世界初の本格的な昼夜両用の特急形電車として1967（昭和42）年に開発された。昭和40年代は旅客輸送量が増加し、車両や車庫が不足した。そこで昼間は特急、夜間は寝台特急として一日中運用することで、車庫に留置する時間が短縮可能な電車が開発された。昼は座席（ボックス席）として使用しているスペースが、夜には三段寝台になる。新大阪―大分間の昼行特急「みどり」と新大阪―博多間の寝台特急「月光」でデビューし、寝台特急のイメージから「月光形」とも呼ばれている。

また１９６８（昭和43）年には改良型の５８３系も開発された。５８１系は関西と九州を結ぶ車両として開発されたことから直流と交流60ヘルツ区間を走行できる機器を搭載しているが、５８３系は東北地方でも走れるよう、さらに交流50ヘルツ区間を走行できる機器を搭載している。

　当館では５８３系の先頭車クハネ５８１形35号車を保存している。１９６８（昭和43）年に製造され、当時の南福岡電車区に配置されて、関西と九州を結ぶ特急電車として活躍した。１９８５（昭和60）年からは前述の急行「きたぐに」に充当され、２０１３（平成25）年まで活躍した。

　当館で展示する際、昼夜両用であることを理解しやすくするため、車内の客席の半分を座席、もう半分を三段寝台としてセットした状態にしている。車内は非公開だが、公開時にはボックス席が三段寝台に変身している様子をうかがうことができるだろう。

　車内に立ち入るともう一つ発見がある。床から天井までが他の在来線車両よりも高いことで、同系は在来線で最大の車両断面を持つ。夜間は周りが三段寝台で覆われているので窮屈だと感じるかもしれないが、昼間にはその天井高に驚く人も少なくなかった。

　また本館１階で並んで展示しているクハ４８９形電車と比較すると、大きな差異がある。発電機などを格納するボンネットを廃止し、代わりに貫通扉を設置して先頭形状が垂直状になり、スマートな印象を与えている。貫通扉は将来、他の列車と連結した際に開放して車内の行き来ができるように付けられたもので、これは現在でも活躍している、貫通扉を持つ特急用車両の先頭形状の基礎となった。

　見学の際は、昼夜を問わず走り続け奮闘した姿を思い描くとともに、先人が作り上げた座席と寝台を転換する技巧をご覧いただきたい。

（廣田琢也）

クハネ581形35号車の車内。昼間はボックス座席（右側）、夜は三段寝台（左側）として運用した

本館１階で保存・展示しているクハネ581形35号車

大阪駅で停車中の113系新快速　1971（昭和46）年ごろ

新快速の今昔

速く、快適、便利が看板

京都駅では、「のぞみ」「ひかり」「こだま」の新幹線から、「くろしお」「きのさき」「はるか」などの特急列車、そして普通列車と、様々な列車がひっきりなしに発着している。なかでも「新快速」は、15分間隔という乗客にとって分かりやすいダイヤで運行され、通勤・通学はもちろん、休日には、近郊への観光など多方面に利用されている。

新快速の歴史は意外と古く、デビューは1970（昭和45）年のことである。当時は、日中に1時間1本6往復、京都―西明石間（途中停車駅は大阪、三ノ宮、明石）の京阪神3都市間を直結運転するという速達性が重視されたダイヤでスタートした。

車両には、大阪万博のために急増した旅客に対応するため関西に多く配置されていて、万博輸送の役目を終えた近郊形の１１３系が新快速用として使用された。

現在のように15分間隔で運転が始まったのがデビューから２年後の１９７２（昭和47）年である。この際に投入された車両が１５３系で、急行形のため座席幅が１１３系よりも広くなった。そして、台車は、現在の車両で多く採用されている空気バネを使用していたため居住性と乗り心地が飛躍的に向上した。また、当時の普通列車では珍しい冷房が装備されていたため、その快適性がさらに人気を博した。評判となった新快速は、その後も走行区間が延伸されるとともに、停車駅も増え、一時期は阪和線にも運転されていた。その後も延伸され、現在にいたっている。

当館で展示しているヘッドマーク。他にも模型で歴代の車両も紹介している（常設展示「生活と鉄道」）

関西の国鉄の看板列車となった新快速であるが、時代とともに車両が老朽化し、また、並走する私鉄との運賃や車両等の比較もあり新型車両の導入を望む声が高まった。こうした中で１９７９（昭和54）年から１１７系の試運転が始まり翌年、初めて新快速専用に設計された電車がデビューした。この１１７系は「シティライナー」の愛称で親しまれ新快速の新しい顔として長らく活躍した。

当時の国鉄は、全国に統一したサービスを提供するという考えであったため、「新快速専用車両」を設計することは異例のことであった。このことからも新快速は、京阪神地区における重責を担う列車と位置付けられていたことがうかがえる。

ＪＲ西日本となってからは、新快速用２２１系を新製。国鉄車両に見られなかった斬新なデザインと乗り心地の良さで新快速は再び注目を集めた。

現在は、２２３系と車両の安全性をさらに進化させた２２５系が登場。「速い」「快適」「便利」な電車として活躍する新快速は、今後もＪＲ西日本の看板列車の一つとして進化を続けていくだろう。（島崇）

117系のデビューを告知する車内用ポスター
1980（昭和55）年

新快速電車運転記念乗車券　1970（昭和45）年発行
青に白いラインが入った153系電車がデザインされている。

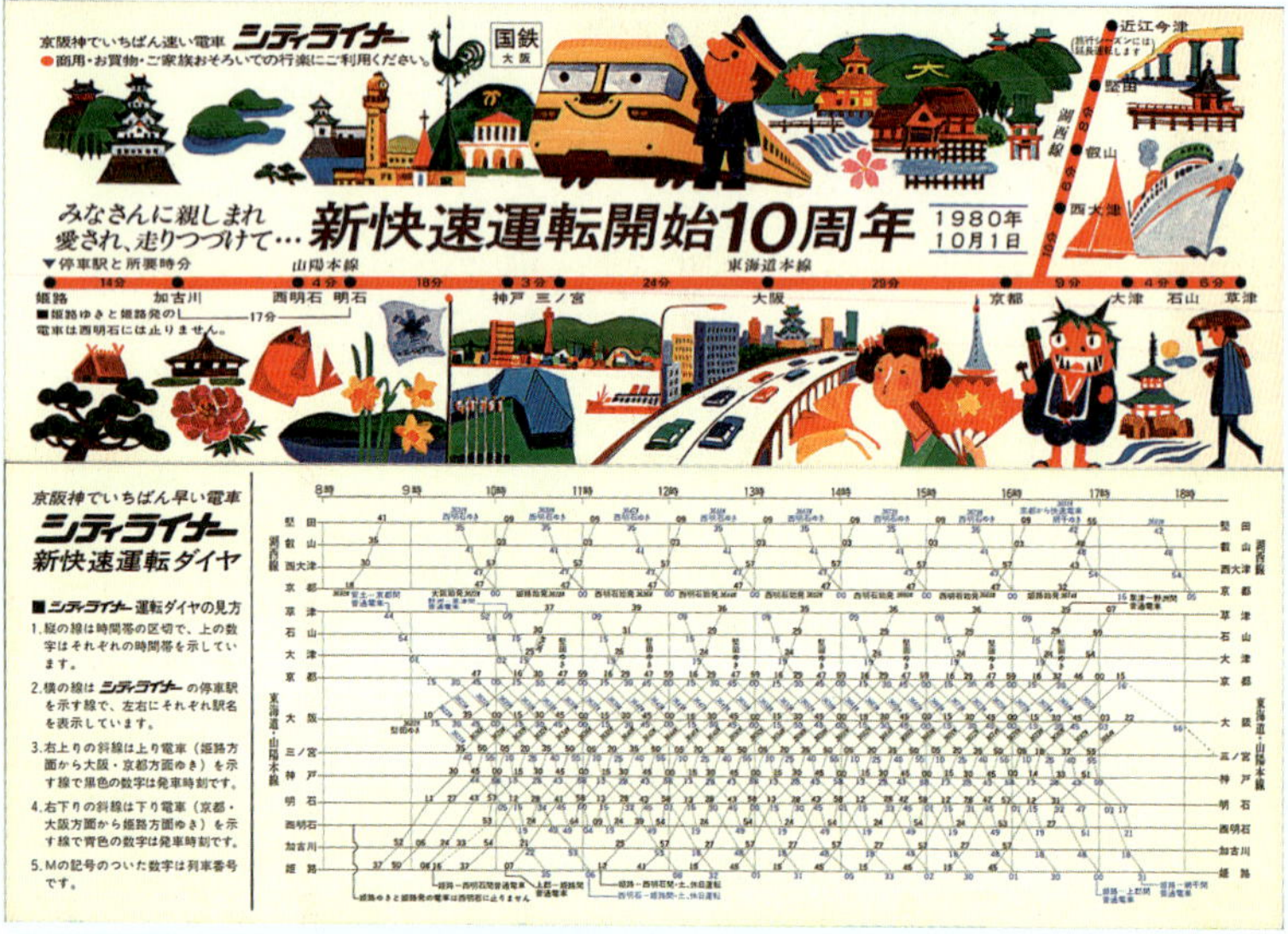

新快速運転開始10周年記念リーフレット　1980（昭和55）年発行
新快速の停車駅が現在と異なることが分かる。裏面は、新快速の運行ダイヤがデザインされている。

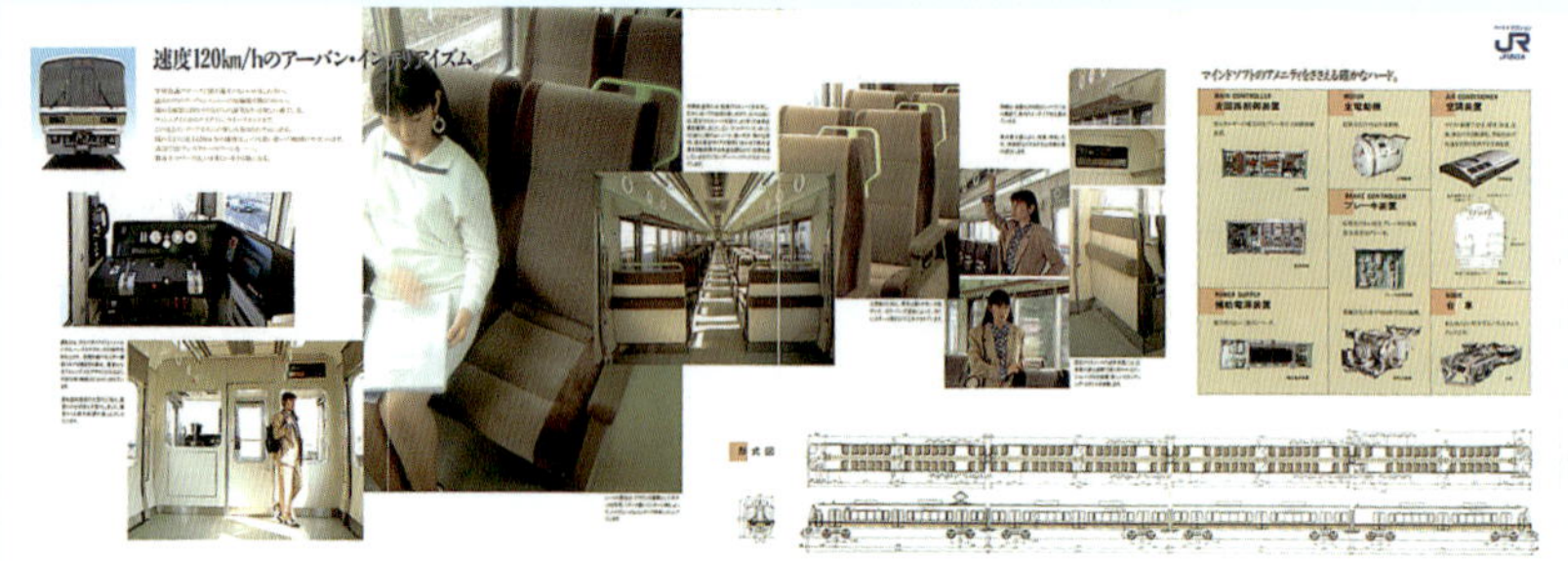

221系電車リーフレット　1989（平成元）年発行
国鉄の分割民営化後、JR西日本となって最初に設計された新快速用の車両。
221系電車の居住性や速達性が紹介されている。

保存車両一覧

鉄記…鉄道記念物
準鉄…準鉄道記念物
重……重要文化財

蒸気機関車から新幹線電車まで時代を彩ってきた53両の実物車両を保存展示。これらは鉄道の歴史と文化を反映し、展示の核となっている。特に価値の高いものは「鉄道記念物」「準鉄道記念物」に指定。さらに233号蒸気機関車は2016年、「重要文化財」に指定された。また、これらの車両の他、鉄筋コンクリート造扇形車庫、電動天井走行クレーン、引込線も重要文化財。大阪駅時鐘は鉄道記念物、噴水小僧は準鉄道記念物に指定されている。

種別	名称	文化財指定	展示場所	概要
蒸気機関車	7100形7105号機	鉄記	扇形車庫	アメリカから輸入され、「義経」と名付けられた蒸気機関車
	1800形1801号機		本館	イギリスから輸入された最初の勾配線区用の蒸気機関車
	1070形1080号機		扇形車庫	明治期の6200形から改造されたイギリス製の蒸気機関車
	230形233号機	重／鉄記	本館	国の重要文化財に指定された、国産初の量産型蒸気機関車
	8620形8630号機	準鉄	扇形車庫	大正期に日本で最初に量産された旅客用蒸気機関車
	9600形9633号機			大正期に日本で最初に量産された貨物用蒸気機関車
	D50形140号機			1923年から製造され、輸送力を飛躍的に高めた貨物用蒸気機関車
	C51形239号機			1930年に登場した特急「燕」を牽引した旅客用蒸気機関車
	C53形45号機			国産唯一の3シリンダーを持つ大型の旅客用蒸気機関車
	C11形64号機			1932年から製造され、ローカル線や構内入替え用として活躍した蒸気機関車
	C55形1号機			1935年から製造され、C54形の改良型である中型の旅客用蒸気機関車
	D51形1号機			1,115両製造され「デゴイチ」という愛称名で知られる大型の貨物用蒸気機関車
	C57形1号機			SL「やまぐち号」で活躍する優美なスタイルの旅客用蒸気機関車
	D51形200号機			SL「やまぐち号」で活躍する日本を代表する蒸気機関車
	C58形1号機			1938年から製造され、ローカル線の旅客・貨物用として活躍した蒸気機関車
	C56形160号機			1935年から製造され、旅客・貨物用として活躍した小型の蒸気機関車
	B20形10号機			戦争中に設計され、構内入替え用として活躍した小型の蒸気機関車
	D52形468号機			戦争中の石炭輸送に活躍した、日本最大の貨物用蒸気機関車
	C59形164号機			大型の旅客用蒸気機関車で、本機は東海道本線や山陽本線で活躍した
	C61形2号機			自動給炭装置が初めて採用された大型の旅客用蒸気機関車
	C62形1号機			D52形のボイラーを流用して製造された、日本最大の旅客用蒸気機関車
	C62形2号機			日本を代表する旅客用蒸気機関車で、本機は特急「つばめ」として活躍した
	C62形26号機		プロムナード	東海道本線や山陽本線で活躍した日本最大の旅客用蒸気機関車
電気機関車	EF52形1号機	鉄記	本館	国産初の大型の直流電気機関車。本機は阪和線などで活躍した
	EF58形150号機		トワイライトプラザ	戦後を代表する旅客用の直流電気機関車
	EF65形1号機			1965年から製造され、全国で活躍した直流電気機関車
	EF66形35号機		本館	東海道本線や山陽本線の高速貨物列車で活躍した直流電気機関車
	EF81形103号機		トワイライトプラザ	関西から青森までの直通運転を可能にした交流電気機関車
ディーゼル機関車	DD54形33号機		プロムナード	西ドイツのエンジンと液体変速機を採用したディーゼル機関車
	DD51形756号機		本館	国鉄の無煙化に貢献し、全国で活躍した液体式ディーゼル機関車
新幹線電車	0系21形1号車	鉄記	プロムナード	東海道新幹線開業時の車両で、世界初210km/hでの営業運転を実現した大阪方先頭車
	0系16形1号車			東海道新幹線開業時に活躍した0系新幹線電車のグリーン車
	0系35形1号車			東海道新幹線開業時に活躍した0系新幹線電車のビュッフェ・普通席の合造車
	0系22形1号車			東海道新幹線開業時の車両で、世界初213km/hでの営業運転を実現した大阪方先頭車
	100系122形5003号車		本館	0系新幹線電車の後継機として活躍した車両
	500系521形1号車			当時世界最速の300km/hでの営業運転を実現した新幹線電車
電車	クハ86形1号車	準鉄	プロムナード	1950年に登場した日本初の長距離用直流電車80系電車の先頭車
	モハ80形1号車			1950年に登場した日本初の長距離用直流電車81系電車の中間電動車
	クハ103形1号車			1964年に登場した103系通勤型直流電車の先頭車
	クハネ581形35号車		本館	座席と寝台の設備をもった世界初の特急用交直流寝台電車
	クハネ489形1号車			特急「雷鳥」「白山」等で活躍したボンネット型の特急用交直流電車
気動車	キハ81形3号車	準鉄	本館	1960年に登場した国産初の特急用ディーゼルカー
客車	スシ28形301号車		プロムナード	戦前に製造された食堂・2等座席の合造車から改造した食堂車
	マロネフ59形1号車			戦前に製造された皇室・貴賓客用の寝台客車で1・2等の合造車
	オハ46形13号車		車両工場	国鉄末期まで活躍した急行用客車を軽量化した客車
	ナシ20形24号車		プロムナード	寝台特急「ブルートレイン」の食堂車
	オロネ24形4号車		トワイライトプラザ	寝台特急「あかつき」「彗星」等で活躍したプルマン式のA寝台車
	スシ24形1号車			寝台特急「トワイライトエクスプレス」用として改造された食堂車
	スロネフ25形501号車			寝台特急「トワイライトエクスプレス」専用のA個室車
	カニ24形12号車		車両工場	寝台特急「トワイライトエクスプレス」専用の電源車
	オハ25形551号車			寝台特急「トワイライトエクスプレス」専用として改造されたサロンカー
貨車	ワム3500形7055号車		本館	1960年代後半まで多く使用された大正時代の大型貨車
	ヨ5000形5008号車			日本初のコンテナ専用特急貨物列車「たから」の車掌車
客車	オハフ50形68号車		休憩所	1978年から製造され、ローカル線用で活躍した通勤用の客車

表：吉岡こずえ

プロムナードで展示している０系新幹線４両編成

０系新幹線電車

超特急の礎《いしずえ》築いた団子鼻

２０１６（平成28）年、北海道新幹線（新青森─新函館北斗間）が開業し、北海道から本州を経由して九州まで達する新幹線網が完成した。０系新幹線電車は、その礎を築いた日本初の営業用新幹線電車であり、世界で初めて時速２００キロの壁を破った日本の鉄道を代表する車両である。

０系は１９６４（昭和39）年に開業した東海道新幹線の車両として華々しく登場し、２００８（平成20）年に山陽新幹線から引退するまで、44年間にわたって活躍した。その間に３，２１６両もの車両が製造され、そのうち当館では４両の保存車両を所蔵し、21形、22形、16形、35形の４両それぞれが全てトップナンバー（車両番号が１号となる車両）である。

21形１号車と22形１号車は

両端の先頭車両で、前面には0系を印象付ける、人の顔に例えると団子鼻のような、特徴的な丸い「鼻」を持っている。この部分は「光前頭」と呼ばれ、当初のアイデアではこの部分を照らして遠くからでも列車が接近していることを視認しやすくしようとした。実際は、内部に非常用連結器を格納したため十分に明るくすることができなくなってしまったが、デザインとしては印象的で、視認性についても光前頭の左右にあるヘッドライトが十分な明るさを持っていたので問題ないと考えられ、そのまま採用された。

16形1号車はパンタグラフ付1等車（後のグリーン車）で、普通車と区別するために側面の出入扉の周囲を金色で縁取っているほか、車内の座席にはゴールデンイエロー色の布地を採用した。この座席は2人掛けのリクライニング式回転クロスシートで、普通車の座席が2人掛けと3人掛けの転換クロスシート（リクライニング機能のない座席）であるのとは大きく異なっていた。現在の長距離用車両では標準装備のリクライニングシートも、まだ当時は座席ごと回転する3人掛けのものが開発されていなかったのだ。

35形1号車は1両の半分の部分がビュフェ、もう半分の部分が普通車となった合造車である。東京―新大阪間の所要時間では食堂車の連結を必要としないと判断されたため、カウンターで軽食等を提供するビュフェ車が製造された。35形の現存する車両は、当館の1号車のみである。

0系は長きに渡り多くの乗客を運んだ。その功績を称え、日本全国に保存車が残っている。しかしその多くは先頭車であり、保存されている中間車は、実はそう多くない。当館では中間車を含むこれら4両の0系を一つの編成にしてプロムナードで展示している。現在の新幹線車両と比べて丸みを帯びた車体、そして白地に青帯のカラーリングの車両は、これからもきっと、ご覧になった来館者を魅了することだろう。

（廣田琢也）

0系普通車の座席（右が初期の転換クロスシート）

山陽新幹線からの引退を記念し、臨時「ひかり」として走る0系新幹線（2008（平成20）年）

先頭車の先端には、連結器が内蔵されている

500系新幹線電車

速く静かに、カワセミ形

「500系」と聞いて多くの人が思い浮かべるのは、鋭くとがった形状をした先頭車ではないだろうか。車体から盛り上がった運転室は、まるで航空機のコックピットを連想させ、いかにも「速く走る形」をしている。

500系はJR西日本が開発した新幹線車両で、1997（平成9）年に山陽新幹線（新大阪―博多間）「のぞみ」としてデビューした。

山陽新幹線は、航空機や高速バスなど他の交通機関との競争が激しい路線であり、所要時間の短縮は同線の利用促進を図る上で重要な課題であった。そこで1990（平成2）年から新大阪―博多間の到着時間短縮を目指し、試験車両「WIN350」で実験を繰り返しながら500系は誕生した。最高時速300キロでの運転を可能にした500系は生物の形態をヒントにさまざまな技術が採用されている。

最も特徴的な先頭形状は、高速でトンネルに進入した時に発生する衝撃波（トンネル微気圧波）に対処するため、車両全長27メートルのうち15メートルにおよぶ前頭部を持っている。また、車体の断面は円形となっている。これらは、空気抵抗を小さくするための工夫で、水中に飛び込んで魚を捕るカワセミのくちばしの形状からヒントを得ている。

運転席

列車に電気を取り入れる装置のパンタグラフは翼型をしている。これはフクロウの羽をヒントに、風切り音が出にくくなるよう支柱側面の一部に「く」の字型の突起をつけて空気がスムーズに流れるようにした。ボディーに使われているパネルはアルミ合金製で蜂の巣のように六角形が集合した「ハニカム構造」になっており、高剛性と軽量化を両立、同時に車内の防音性も高められた。

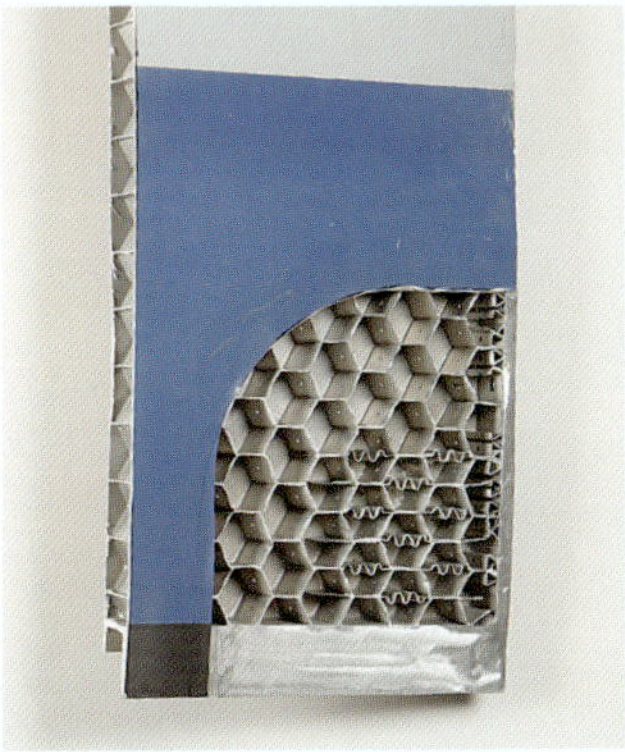
500系新幹線電車のハニカム構造材
軽量でありながら強度と防音効果が向上した

これら生物にヒントを得た技術が採用されている500系の車体は、「速く走る」ためだけではなく「静かに走る」ための形状とも言える。これは、乗り心地の向上、また、周辺環境へも配慮している。

当館では、500系の先頭車521形1号車をはじめ、パンタグラフやハニカム構造のボディーの一部を展示している。本物に触れていただき500系の「カッコよさ」を感じていただきたい。（島崇）

高速走行時でも架線から離れにくい構造のため、安定して電気を供給できるパンタグラフ。側面に「く」の字型の突起がある

博多総合車両所に集結した新幹線電車1995（平成7）年頃

新幹線の変遷

戦後の混乱期が収まり経済が成長していくにつれ、国鉄東海道本線の輸送量は過密状態となっていった。そこでかねてより懸案であったのが戦前から計画されていた在来線より広い線路幅（標準軌）による高速鉄道の設置である。東京五輪の開催に間に合わせるため、わずか5年の短期間で建設され、全線のレールがつながったのは開業の3ヶ月

レール締結ボルト　東海道新幹線線路全通記念
1964（昭和39）年7月1日

前。1964（昭和39）年10月1日、東海道新幹線の東京―新大阪間が華々しく開業した。

以降、多くの研究を土台に各地で新幹線網が建設され、新しい車両も鋭意開発され続けている。初めて登場した新幹線電車は、当館にも展示している団子鼻が特徴の0系である。次いで、1982（昭和57）年、東北・上越新幹線の開業時に200系が誕生した。

1985（昭和60）年に東海道・山陽新幹線で運行が開始された100系は、初のフルモデルチェンジ車両であった。新幹線では初の2階建て車両やグリーン個室が設けられるなど、車両の快適化が図られた。さらに1992（平成4）年には、在来線である山形新幹線への乗り入れを可能にした400系と、東海道・山陽新幹線の最速達列車「のぞみ」として初めて運用された300系が登場した。300系は当時の営業運転での最高速度270km／hを実現した車両で、東京―新大阪間を約2時間30分で結んだ。そして2年後の1994（平成6）年には、新幹線通勤客増加への対応や、繁忙期の輸送能力の増加を目的として、オール2階建て車両のE1系が東北・上越新幹線でデビューした。1997（平成9）年に東海道・山陽新幹線で登場した500系は、JR西日本が開発した車両で、日本で初めて300km／hでの営業運転を実現しており、現在当館で521形1号車を展示公開している。同年には、200系の後継車としてE2系が、また秋田新幹線用にはE3系が、さらに東北・上越新幹線に高速列車としては世界最大の定員数となったE4系が登場した。

1999（平成11）年には、快適性に優れた次世代の新幹線車両として、東海道・山陽新幹線に700系がデビューした。2007（平成19）年登場のN700系は現在も東海道・山陽新幹線を代表する新幹線車両となっており、

京都駅の新幹線開業装飾
1964（昭和39）年

新幹線開業前の京都駅で執行されたお祓《はら》い
1964（昭和39）年9月30日

N700系の性能をさらに進化させた車両として2013（平成25）年にN700Aが営業運転を開始した。一方、2004（平成16）年の九州新幹線の一部開業に合わせ登場した800系は、インパクトのあるデザインのJR九州初の新幹線車両である。さらに、2011（平成23）年の九州新幹線鹿児島ルートの全線開業に合わせて登場したN700系7000番台・8000番台は、山陽・九州新幹線用車両として活躍している。同年東北新幹線でデビューしたE5系は、グリーン車より一層豪華な「グランクラス」車を設けている。E6系はE5系と併結し、東北新幹線を320km／hで走行できる新幹線、在来線直通車両として2013（平成25）年に秋田新幹線で登場した。また、E5系をベースに製作されたH5系は2016（平成28）年に開業した北海道新幹線で活躍している。さらに2015（平成27）年に金沢まで開業した北陸新幹線を走行するE7・W7系は、JR東日本とJR西日本が共同で開発した車両である。JR東日本が所有する車両を「E7系」、JR西日本が所有する車両を「W7系」として運行している。

このように、交通・物流の動脈である東海道線の輸送力を増強する役割から、北海道から九州まで日本全国を走り

新幹線と交差する城東貨物線（SLはD51形蒸気機関車）1971（昭和46）年

新幹線と交差する城東貨物線（SLはC58形蒸気機関車）1971（昭和46）年

0系新幹線電車35形1号車のビュフェ

交通科学博物館に展示される0系新幹線（上屋の増築前）

日本各地を速達で結ぶ役割を担う新幹線網と新幹線電車。開業から50年以上経ったが、これからも日本の鉄道の基幹としてなくてはならない存在であるだろう（平成30年1月末現在の情報です）。

（遠山由希子）

東海道新幹線開業式
1964（昭和39）年

試作新幹線電車
1963（昭和38）年頃

パンフレット「JR西日本700系新幹線」
2005（平成17）年

東北新幹線200系電車
1982（昭和57）年

961形試験電車
小山試験線での試験走行では、当時の電車としては世界最高速度の319km/hを記録した。

新幹線の試験電車

営業運転を行うための試験用車両

新幹線電車が開発される際には、試験車・試作車として高速試験車両が製造され、様々な試験が行われてきた。それらの試験は、シミュレーション（模擬試験）では予測できない現象の把握や、予測結果の正確性を証明するために有効な手段であり、安全性などを確認するうえでも重要であった。0系新幹線電車の場合は1000形試験電車（新幹線1000形電車、2両編成の「A編成」・4両編成の「B編成」）が製造され、

0系新幹線電車22形1号車の車内で展示している1000形試験電車（A編成）の1／20模型

鴨宮《かものみや》基地（神奈川県）を拠点にして試験走行などを行い、各種の試験データが採録された。当館で保存・展示している0系新幹線電車22形1号車の車内では、この1000形試験電車の先頭車両の模型を展示している。

様々な高速試験車両のなかでも珍しいと思われるのが、新幹線網の拡大に対応するべく製造された961形試験電車（新幹線961形電車）である。961形は、1973（昭和48）年7月に完成した6両編成（後に4両編成に組み替え）の試験電車で、「全国新幹線（網）試験電車」とも呼ばれていた。この試験電車には、3号車に食堂、4号車に個室・寝台を主体とした試験用の車内設備が設けられており、山陽新幹線・小山試験線（現在の東北新幹小山駅付近）で行われた試験走行で様々なデータが採録されたが、寝台車を連結した夜行新幹線の営業が実現されることはなかった。これは、夜間に行わなければならない保線作業への支障（対応するためには大規模な設備投資が必要であった）や、深夜運行による沿線の騒音問題などが考慮されたためであったとされている。

（廣江正幸）

961形試験電車の特別寝台個室
『国鉄線』1974（昭和49）年3月号より

1000形試験電車（B編成）

1000形試験電車（鴨宮基地）

走行試験を行っている951形試験電車の車内
（相生ー西明石間） 1972（昭和47）年撮影
1972（昭和47）年2月24日、当時の日本の鉄道車両としては最高速度となる286㎞/hを記録した。

951形試験電車
1969年（昭和44）年に製造された試験電車。

鴨宮基地の全景
中央の特急が走行している路線は東海道本線、その左の路線が建設中の新幹線
『新幹線 '62』（日本国有鉄道、1962（昭和37）年）より

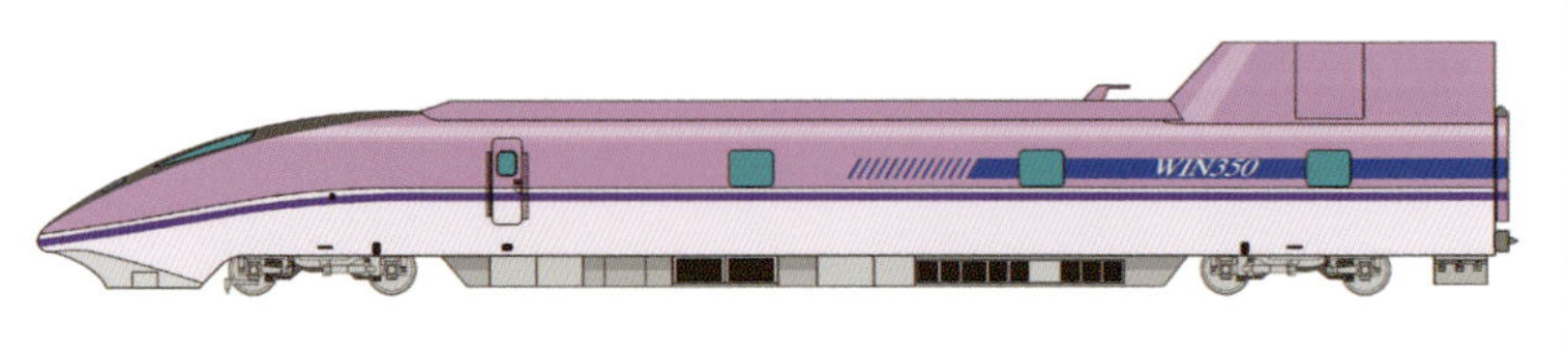

500系新幹線電車900番代（博多方先頭車）
西日本旅客鉄道株式会社（JR西日本）が1992（平成4）年に製造した6両編成の試作車で、500系新幹線電車の原型となった。愛称は「WIN350」。1995（平成7）年に試験を終了し、翌年に廃車となった。先頭車の博多方（500-901）は鉄道総合技術研究所風洞技術センター（滋賀県米原市）、新大阪方（500-906）は博多総合車両所（福岡県那珂川町）で保存されている。

鉄道車両　列車ほか

白熱球と木造の内装がどこかあたたかい雰囲気を醸し出している

スシ28形食堂車

懐かし、走るレストラン

当館では「スシ28形301号」という車両を展示している。形式称号の「シ」は食堂車を表している。ちなみに「ス」は車両の重量を表しており、重量が37・5〜42・5トンの車両につけられている（当車両は37・80トン）。

食堂車とは、車内で調理、飲食できる設備を備えた車両である。日本初の食堂車については諸説があるが、1899（明治32）年に山陽鉄道（現在の山陽本線）で連結された車両が始まりとされている。そして1901（明治34）年には官設鉄道でも導入された。

黎明期《れいめいき》の食堂車は、1等車の乗客を対象とした洋食の提供から始まり、大衆が利用できるようになったのは、明治末期の和食堂車が誕生してからであった。その後、昭和期には、食堂車で提供されるメニューも充実してきたが、太平洋戦争の戦局が悪化した1944（昭和19）年に食堂車の営業は廃止となった。

戦後の再開は、1949（昭和24）年で、昭和50年代までは長距離の特急や急行には食堂車が連結されて人気を博していた。しかし、駅構内で飲食物が手に入りやすくなったことや、列車のスピードアップ化などによって、次第に食堂車を連結した列車は姿を消していった。

「スシ28形301号」は、1933（昭和8）年に定員19名の2等室と、定員18名の食堂車からなる2等食堂合造車「スロシ38000形」として15両が製造され、北海道・九州を中心に活躍した。戦前に運行されていた優等列車は、低い利用率であっても2等車や食堂車をつなぐのが一般的であったため、このような合造車が製造されていた。また車両の組み立てにはリベット（鉄の鋲《びょう》）を使用している点が昭和初期の特徴である。

戦時中には調理室を残した状態で3等客車に改造され、戦後は食堂車の復活により、3等食堂合造車（現在の普通車と食堂車の合造車）に改造され、大阪―青森間の夜行急行列車「日本海」などに連結されていた。その後、1961（昭和36）年に交通科学館（後の交通科学博物館）での展示兼食堂営業用の車両として全室食堂車へと改造され、形式も「スシ28形301号」と改称された。したがって、「スシ28形301号」として営業運転を行っていない。当館の開館にあたって移設され、現在に至っている。

なお、この車両は通常非公開となっており、車内は窓越しでご覧いただきたい。車内には、テーブル、椅子が配されており、氷の冷気で食品を冷やした冷蔵庫（氷冷蔵庫）なども設置されている。

さまざまな改造を経てきた車両「スシ28形301号」であるが、昭和初期の雰囲気を感じ取れる車両である。

（久保都）

上部は食器棚で下部は氷冷蔵庫になっている

側面に鋲（リベット）が見える

昭和30年代に撮影されたオハ46形客車

オハ46形客車

軽量化を実現して輸送力を高める

戦後、戦争の影響で荒廃していた日本の復興が進むにつれて、国内の鉄道輸送需要は増加の一途をたどった。旅客・貨物の取り扱いは戦前の水準にまで戻っていき、高度経済成長期に向かってさらに増大していった。

このため、国鉄では列車の輸送力増強と速達化が懸案《けんあん》となり、昭和20年代前半から新型車両の研究開発を推進していった。従来よりも高出力の機関車や電車などによって速達化を図るとともに、列車の連結両数を増やすことで長大編成を実現するためである。

一方、機関車が牽引する客車については、内装や台車の改良によって乗り心地の向上が図られていた。しかし、車体の構造自体は戦前の形態が踏襲《とうしゅう》されており、長大編成に適した軽量客車の研究は進展していなかった。

　そこで、より多くの連結を可能にするため、客車の部材軽量化が検討され、その実現に向けた研究開発が1955（昭和30）年前後から活発化した。こうした流れのなかで設計された客車形式の一つが、オハ46形客車である。

　オハ46形は、当時の急行用客車スハ43形を軽量化した客車で、55年に汽車製造、川崎車輌《しゃりょう》、日立製作所の3社で計60両が製造された。スハ43形よりも使用する合板の厚みを減らし、連結器などの材質を変更するとともに、鋼材屋根を採用することで約2・5トン軽量化されている。

　それまでのスハ43形などで使用されていた布張屋根は、アスファルトを塗り、その上に砂をまいて耐久性を持たせたキャンバス（帆布《はんぷ》）を、燃やした石炭から得られる油状液体のコールタールで木製部材に貼り付けた屋根だった。

　一方、オハ46形は鋼板を用いた屋根とすることで、車両の屋根部分両端に取り付けられるキャンバス押さえの部材を省いている。

　なお、オハの「オ」は車両の重量が32・5トン以上、37・5トン未満であることを示す重量記号で、「ハ」は普通座席車を示す用途記号である。

　当館で保存・展示しているオハ46形13号車は、汽車製造東京支店で製造された車両で、定員は88人。東京—九州間の長距離急行などで運用後、昭和40年代以降は山陰本線の普通列車などで運用されていた。

　2011（平成23）年に梅小路運転区に配置された後、修繕や塗装などの復元工事を経て当館の保存・展示車両となり、現在は主に本館1階の車両工場で展示している。

（廣江正幸）

座席の窓側には栓抜きと灰皿が設置されている

オハ46形の車内（通常非公開）

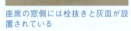

連合軍が接収後に改造し、後に返還されたマロネフ59形1号車
2014（平成26）年撮影

連合軍専用列車

状態の良い車両を接収《せっしゅう》使用

　1945（昭和20）年8月14日、連合国が日本に対して無条件降伏などを要求したポツダム宣言を日本政府が受諾し、翌15日の玉音放送によって国民に終戦が知らされた。

　終戦後、日本を占領統治（実際には日本政府を通した間接統治となる）するため、連合国から派遣された連合軍（連合国軍、進駐軍）は、連合軍専用の座席車・寝台車・食堂車・物資輸送用の貨車などの手配や、駅などへの英文による案内表示の掲示などを日本側に要求した後、同年9月から、日本国内の各地に設けられた連合軍基地への部隊輸送などを開始した。

　そして、翌年の1月31日からは、連合軍の一般軍人が出張する際や、私的な休暇旅行などで利用する定期の連合軍専用の特急列車「アライド・

リミテッド」（東京—門司《もじ》間）の運行が開始され、その後も様々な専用列車が設けられていった。その一例としては「オクタゴニアン」（アメリカ陸軍第8軍司令官専用）、「アンバサダー」（同第6軍司令官専用、後に連合国要人専用）などが挙げられる。

終戦直後の日本占領はアメリカ陸軍第6軍・第8軍が担当していたが、第6軍が担当していた中国・四国地方は1946（昭和21）年に英国連邦占領軍（BCOF＝British Commonwealth Occupation Force）に引き継がれたため、東京～呉間などを結ぶ「ビーコフ・トレイン」も運行されていた。

これらの専用列車は、国有鉄道・私鉄が保有していた状態の良い車両を連合軍が接収し、連合軍側の要望によって内装や冷暖房・厨房・トイレなどの設備が豪華に改造され、車両の整備も行き届くように手配されていた。

当館で保存・展示している1938（昭和13）年製造の皇族・貴賓《きひん》専用寝台車であるマロネフ59形1号車（製造当初はマイロネフ37290形）も、1945（昭和20）年10月に連合軍が接収した後に改造され、1949（昭和24）年に返還された車両である。接収当初は軍名称（車両名）「サンアントニオ」として専用列車「アンバサダー」の編成に組み込まれていたが、後に「ハートフォード」に名称変更された。

また、衣食・日用雑貨などを販売するPX（Post Exchange）列車や、クラブ車（娯楽車）、患者輸送用の病院車なども存在し、日本人が乗車する列車に連結される専用車両もあった。整備が行き届いた連合軍の列車や車両とは異なり、整備もままならない荒廃した車両を超満員で利用せざるを得なかった日本人は、専用列車を複雑な思いで見つめていたという。

（廣江正幸）

参考文献　中村光司『知られざる連合軍専用客車の全貌』

京都駅に停車中の、東京ー博多間で特急として運行されたディキシー・リミテッド（1946（昭和21）年頃）

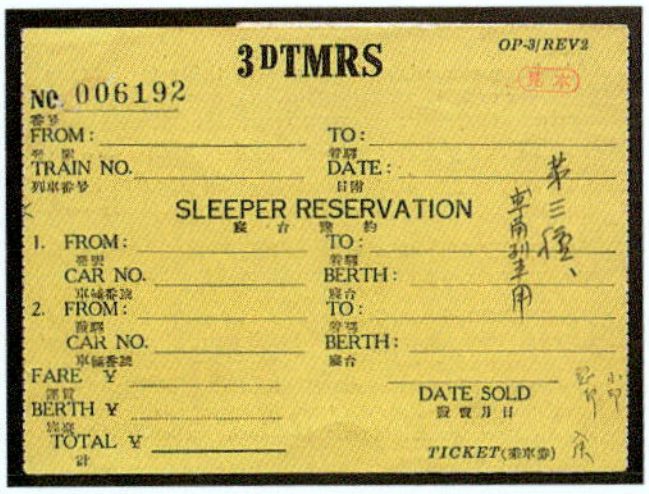

連合軍専用列車の乗車券・寝台券の業務用見本（3片式の中央部分）

停車中の「きぼう」号。乗車中の子どもたちが窓から顔をのぞかせている（1964（昭和39）年3月）。

修学旅行専用列車

児童生徒の夢乗せ発車

学校生活の中で、修学旅行のような団体旅行を行う国は日本以外にもあるが、修学旅行専用の車両を製造したという事例は、世界広しといえど日本以外には存在しないのではないだろうか。

1886（明治19）年に始まったとされる修学旅行は、戦時中は中止されていたが、戦後復興が進むにつれ復活し、昭和20年代後半には各地の学校で実施されるようになった。当時は、一般列車混乗、あるいは臨時団体列車を利用し、主な行き先は東京と関西地区間であった。

そのため東海道線は混雑を極め、列車の確保が修学旅行の成否を左右するとまで言われていた。この混雑解消のために、修学旅行専用の車両投入計画が進められ、1959（昭和34）年に世界初の修学旅行専用車両として155系電車（登場時は82系＝後に改称）が登場した。

　社会的にも大きな話題となった155系の愛称は、公募により東京発関西行は「ひので」号、関西発東京行は「きぼう」号に決定し、車体外部塗色は黄1号（レモンイエロー）と朱色（ライトスカーレット）のツートンカラーとされた。なお、このカラフルな配色も公募で決定したもので、大阪の中学校の案が基礎となっている。

　155系の座席は2人掛けと3人掛けの1列5人掛けの組み合わせとし、1区画ごとに設置した20ワット蛍光灯や扇風機は、当時としては贅沢《ぜいたく》な設備だった。さらに腰掛の間の折りたたみ式テーブルと座席上の荷物棚、背中合わせの肘掛けのスペースを利用した傘立、縦方向のパイプに取り付けられたカメラ掛け、男子用小便所など、修学旅行用としての特別仕様の設備が満載だった。

　加えて、制御車の客室仕切り上部には、大型電池時計と速度計が設置された。この速度計はメーカー（日立）のロゴをいれるという条件で、メーカーから直接提供されたものだった。このように155系は修学旅行専用として画期的な工夫と配慮が施された電車だったのである。

　その後、国鉄は155系電車に続き中部地区に159系、関東・中国地区には167系の修学旅行用電車を配置した。一方、非電化区間に対応した車両としてキハ58系の修学旅行用を増備し、東北・九州地区でも運用を開始した。いずれの車両も昭和30年代後半から40年代の修学旅行輸送において大きな役割を果たしたが、新幹線時代になると一般の急行用などとしての使用が多くなり、今日では車両そのものがすべて廃車となってしまった。

　しかしながら児童生徒の夢を乗せ、憧れの的として活躍した修学旅行専用列車は、団塊世代をはじめ多くの人々の思い出に残り続けることだろう。

（加藤沙織）

修学旅行用電車の室内。座席上に荷物棚が設けられている（1960（昭和35）年）

当館では模型を展示している。
（2階・時代によって変化した「旅行」コーナー）

1972（昭和47）年の183系特急形電車の普通車に設置されていた和式便器

列車トイレ

開放式をタンク式に改善

鉄道車両における旅客設備の一つにトイレがある。その設置の始まりは、御召用客車を除けば、北海道の幌内鉄道が1880（明治13）年に導入した「開拓使号」が日本初という記録が残っている。

初期のトイレは、汚物がそのまま線路上へ投棄される「開放式」が一般的で、極めて非衛生的であった。

列車トイレの問題は、1872（明治5）年に新橋―横浜間で開業した当初から存在した。当時、新橋―横浜間の上等運賃は1円12銭5厘であったが、横浜駅手前で窓から小便をした男性に10円もの罰金が科せられた。

戦後は列車が大幅に削減されたことで、長距離列車は常に超満員で、トイレへ向かうことが難しかった。

このため、列車が駅に到着

すると、それまで我慢していた客が一斉に窓からホームに降り、駅のトイレはたちまち満員で行列ができた。我慢できない乗客はところ構わず、男女も問わず、ホームのあちらこちらで用を足していたという。

1960（昭和35）年、東海道本線の湘南地区で、汚物が洗濯物にかかるという苦情が沿線住民から上がった。また、鉄道設備への衛生上の影響や、沿線住宅地域への悪臭などの「黄害問題」は国会でも取り上げられた。

これを受け国鉄は、厚生省、運輸省と共同で「列車便所衛生改善対策協議会」を設置し、便器洗浄に使用する洗浄水を循環させて再利用する「タンク式」（循環式）の開発に取り組むこととなった。

しかし、費用面などの問題があり、早急な解決までには至らなかった。その後、70年代後半になると、政府の補助もあり、タンク式に切り替えるための工事が進められた。

こうして開放式のトイレは徐々に減少していき、その最後はJR北海道のキハ40形700番代で、2002（平成14）年3月までに切り替えが完了した。

JR発足時の1987（昭和62）年に制定された普通鉄道構造規則194条11号には「便所は原則としてタンク式であること」と規定されている。これにより、新製車両は原則としてタンク式となった。

また、これに先駆け1984（昭和59）年からは、汚物処理装置を車両下部に設置し、プラスチックのカセットに固形物のみをため込み、水分を薬液処理した後、停車中に排出する「浄化排水式」も採用されている。

現在では、かつての列車トイレのイメージはなくなり、利便性だけでなく、デザインも考慮され、清潔で使いやすい姿へと進化を遂げている。

（久保都）

オハ46形13号車の便所流し管の様子

かつてのトイレイメージを払しょくした500系新幹線のトイレ

京都鉄道博物館に展示されている、151系「こだま」の先頭部の実物大模型。速さをイメージした塗色となっている

列車の塗《と》装《そう》

時代とともにカラフルに

普段、私たちの乗る列車の車体は、さまざまな色に塗装されている。ＪＲ各線や私鉄各線をそれぞれオリジナルの色に塗り分けられた車両が行き交い、見ていて飽きない。こうした色分けは、いつ頃始まったのだろうか。

日本の蒸気機関車が真っ黒に塗られているように、蒸気機関車が活躍していた時代の客車もまた、茶色（ブドウ色）で外面を塗った車両が多かった。

これは、蒸気機関車のばい煙《すす》による汚れが目立たないようにすることや、塗料を共通化することで、メンテナンスを容易にすることが理由であった。

カラフルな塗色が採用されたのは、１９５０（昭和25）年に東京—沼津・伊東（静岡県）間で運行を開始し、「湘南電車」の愛称で親しまれた80系電車である。

　この車両は、日本初の長距離電車としても有名だが、鮮やかな緑とオレンジの2色で塗られ、それまでの茶一色の塗装と比べ大きく異なる印象を与えた。

　この塗色は、沿線のミカン畑の色ともいわれるが、当時のアメリカのディーゼル機関車を参考にしたという説もある。また80系電車が活躍した東京方面で蒸気機関車の数が減ったことや、電車であるため、ばい煙による車体の汚れを気にしなくてよくなったことも、この鮮やかな塗色が採用された一因である。

　その後、カラフルな塗色は特急用の車両でも採用された。1958（昭和33）年にデビューし、東京—大阪・神戸間を結んだ日本初の電車特急「こだま」（151系電車）には、クリーム色をベースに赤いラインが施された塗色が採用された。

「特急色」とも呼ばれたこの配色は、速さをイメージし、初の電車特急を明るく目立たせ、利用者の乗車意欲を喚起することを意識したという。

　一方、初代新幹線電車として開発された0系の塗色を決める際は、赤系統の特急色も検討されたが、当時の流行色で、かつ速さを象徴するということで、白色を基調に、明るい青色のラインを入れる塗装となった。

　その後も、走行路線や鉄道会社、種別などが分かりやすいよう、さまざまな塗装の列車が登場した。近年増えてきたステンレス製の車両は、さびに強いため本来は塗装の必要がないが、それでも車体はカラフルである。

　列車に乗る際は、車体の色にも注目してほしい。また、時代によって車両の色が異なる当館の展示車両も、ぜひご覧いただきたい。

（上田和季）

オレンジと緑色のカラフルな塗装で目立った80系電車

蒸気機関車が活躍していた時代の客車、スシ28系301号車。茶色で塗装されていた

巻き取り電照式のトレインマークが採用された、583系寝台特急電車「月光」の先頭車

トレインマーク

愛称を形に、進化続ける

デザイン化された愛称名のマークを付けて走る列車を見たことがあるだろうか。これらは「トレインマーク」と呼ばれ、主に列車の先頭部に取り付ける「ヘッドマーク」と、最後部に設置する「テールマーク」がある。

1929（昭和4）年9月、鉄道省は、特急列車に欧米の列車のように愛称を付けることで宣伝強化を図り、旅客を獲得しようという営業策を打ち出した。

公募により、「富士」と「桜」（いずれも東京―下関）という愛称名が特急列車に採用され、同年12月には、テールマークが両列車の最後部に取り付けられた。これが、日本におけるトレインマークの始まりである。

「富士」は富士山型で、青地に白を配したデザイン、

「桜」は丸形で、若葉の緑の中に桃色の桜を描き、鉄板にホーロー着色で製作された。

　１９３０（昭和５）年には特急列車「燕《つばめ》」（東京—大阪）が登場し、二羽の燕がデザインされたテールマークが掲げられた。このテールマークは、直径80センチの円形で厚さは15センチあり、図案の表面をガラスで覆い、内部に夜間照明用の電球を入れた行灯《あんどん》式であった。

特急「富士」と「燕」のヘッドマーク。「富士」は富士山型で、「燕」は2羽のツバメがデザインされている（ともに複製）

　このトレインマークは人気を博し、「富士」も同様の形式に変更された。形は丸形だけでなく、丸形に羽根を左右に広げた形、三角おにぎりのような形などさまざまであった。

　さて、当館ではエントランスを抜けると、５８３系寝台特急電車「月光」の先頭車が来館者を迎える。「月光」をはじめ５８１・５８３系の車両は、正面が貫通式となっており、従来のようなトレインマークの取り付けが不可能であった。

　このため、列車名を印刷したフィルムを用いた巻き取り電照式を採用した。この方式は、着脱の必要性がないため、交換作業にかかる人手や時間が大幅に削減できた。以後開発された国鉄の特急電車や特急ディーゼルカーの多くは、同方式を採用するようになった。

　その後も、80年代後半から発光ダイオード（ＬＥＤ）式が登場。１９９７（平成９）年には印刷文字が発光する特殊パネル式、２００７（平成19）年からは液晶パネル式など、トレインマークはさまざまな方式で表示されるようになった。

　近年では、車体自体に列車名やシンボルマークなどを描くラッピング車も出てきている。これからも、トレインマークは時代とともに進化し続けていくだろう。（久保都）

本館1Fの壁を飾る、さまざまな特急のヘッドマーク

東海道本線電化完成を記念して製作された特急「つばめ」のヘッドマーク

車両連結器

4万両超を2日間で交換

230形蒸気機関車のねじ式連結器

車両と車両をつなぐ連結器。現在は自動連結器などが使用されているが、日本での鉄道開業後しばらくの間はリンク式（ねじ式）の連結器が使われ、一両ずつ手作業で連結と解放を行っていた。

この作業は非常に重労働である上に、車両の間に入って行うため危険を伴い、実際に事故も少なくなかった。また、大掛かりな連結器の修繕などの手間や費用も要した。

さらに輸送量の増加に合わせて、列車の連結両数も増やす必要があったが、強力な機関車を配置しても連結器の強度不足が原因で、連結両数を制限される問題点もあった。

そこで1918（大正7）年、自動連結器に取り換える計画が持ち上がり、翌年から準備が進められた。だが問題は、膨大な数の連結器をいつ交換するかだった。時間をかけて行うと、その間は連結器の異なる車両が連結できず、列車の運行に支障を来すためだ。

機関車と客車は車両の運用計画を考慮して、順次取り換えることになった。一方、計画の大部分を占める貨車は貨物列車の運転を1日止めて一斉に行うこととし、膨大な両数ゆえに完遂は難しいという見方も当初はあった。

準備には長い年月がかけられ、綿密な計画だけでなく作業の訓練まであった。そして、取り換え作業は1925（大正14）年7月に行うことが決定した。

機関車約3300両と客車約9千両のほとんどを7月1～10日に取り換え、貨車は他線との連絡がなかった徳島線と高知線を除き、本州は17日、九州は20日に終日運休して行うことを決めた。

貨車は本州と九州で作業日が異なったが、計2日間で4万1千両以上もの連結器が取り換えられた。作業は朝5時ごろから始まり、普段は車両の業務でない職員も参加して、関係各所総動員で夕刻にはこの一斉取り換えを成功させた。

これは世界的にも珍しいケースで、連結器取り換えが同様に課題となっていた欧州各国から多くの注目を集めたほか、要人やアメリカの自動連結器メーカーからも作業の見学に訪れた。

当館で展示している230形蒸気機関車や、1800形蒸気機関車は、この取り換え前に使われていたねじ式連結器を備えている。その他の実物車両の多くでは自動連結器や密着連結器を見ることができる。

迫力のある車体に目が行きがちだが、大正期に行われた熱い大作業の1日に思いをはせながら見学するのも、また楽しい。

（飯田一紅子）

C51形蒸気機関車の自動連結器

1800形蒸気機関車と三等客車（複製）を連結するねじ式連結器

1971（昭和46）年に製造された489系交直流電車に設置されている冷房装置（AU12形）

列車冷房装置

列車内を快適な環境に

現在の列車内には、冷房装置が完備されているので、夏場には暑さを感じることなく通勤や通学ができる。

列車内の暑さ対策の起源は、日本で鉄道が開業する20年前に英国領インドで敷設された鉄道において、客車の屋根に布を張り、そこに散水することで気化熱によって屋根の熱を取る方法であったとされている。

さて、日本の鉄道では、昭和初期までは窓の開放や扇風機で涼が取られていた。冷房装置が登場するのは1936（昭和11）年のことで、官設鉄道の特急「つばめ」（東京―神戸間）の食堂車（マシ37850形）一両に取り付けられ、翌年には、もう一両（マシ37852形）にも取り付けられた。次いで1938（昭和13）年には、特急「かもめ」（東京―神戸間）の食堂車一両にも取り付けられることとなった。一方、民鉄では南海鉄道（現在の南海電気鉄道）が、1936（昭和11）年6月、試験的に冷房車を採用し、翌年には8両の冷房車が登場した。しかし、戦争の影響によって南海鉄道は1938（昭和13）年、官設鉄道は1940（昭和15）年頃に使用が中止とされ、車両冷房装置の普及は一時中断することになった。その後、1946（昭和21）年に進駐軍の専用列車に取り付けるため、冷房装置が5両分製造されている。1950（昭和25）年には、復活した特急「つばめ」・「はと」の食堂車と展望車にも取り付けられた。

続いて、特急列車の編成全体の冷房化も進んでいく。1958（昭和33）年に登場した電車特急151系「こだま」は、パンタグラフからの電気の取り込みが容易であったため、各車両に冷房装置が搭載され、その後の電車特急冷房化の先駆けとなった。また、機関車の牽引による客車特急においても、20系客車による寝台特急「あさかぜ」は、編成に電源車を組み込むことで、全車両の冷房化を実現した。

さらに1963（昭和38）年に登場した通勤形電車103系でも、昭和40年代後半には首都圏を皮切りに、通勤列車での冷房が普及していった。また翌年1964（昭和39）年には、新幹線でも冷房が採用される。そして、1983（昭和58）年の夏の時点で、一部の気動車による急行を除き、電車・客車急行の普通車については冷房化が完了した。

列車冷房装置は、このように段階を経て普及が進み、今日の列車内を快適な空間にしているのである。

（久保都）

1968（昭和43）年に製造された581系特急形交直流電車に設置されている冷房装置（AU15形）

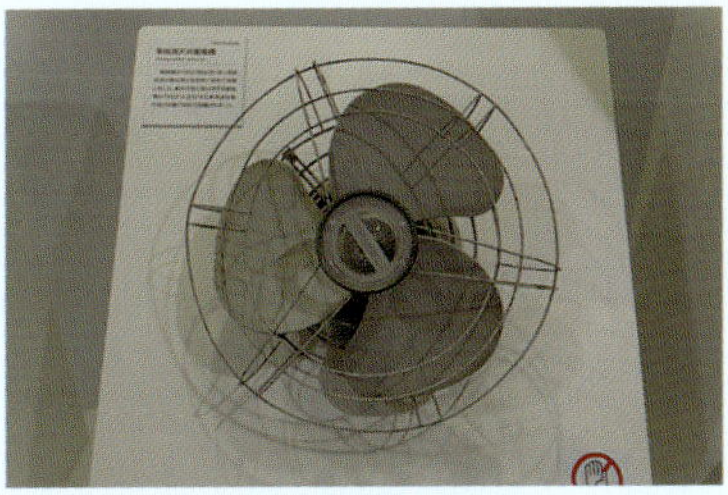

1920（大正9）年に東海道本線の急行で初めて採用された車内天井取り付けの扇風機

EH10形電気機関車 「マンモス機関車」と呼ばれた貨物専用の大型機関車
撮影：1954（昭和29）年

貨物輸送

物流に欠かせない貨物列車

鉄道輸送は、大別すると旅客と物品輸送に分類され、さらに物品輸送は荷物と貨物に分類される。大型物や重量物、専用の貨車で輸送する必要がある物資は「貨物」と呼ばれ、旅客から預かった物品や貨物と比較して軽量かつ少量の物資は「荷物」（郵便物も含まれる）と呼ばれる。日本の鉄道貨物輸送は、１８７３（明治６）年、イギリスから輸入された木製貨車を用いて開始された。人力・牛馬・船舶による物流が中心であった人々の生活は、鉄道による貨物輸送の登場で大きく変化していくこととなる。

当初の貨物輸送は輸送距離も短く、主に石炭や資材、米などが輸送されていたが、鉄道網の拡大や、産業の発展とともに輸送量も増加し、貨物列車の速達化も進んでいったため、これに合わせて輸送物資の特性に合わせた専用貨車も登場していった。

そして、大正中期になると輸送量の増加にともない、貨物が駅で滞ってしまうといった事象が起こるようになったため、旅客と貨物の取り扱いの分離が進められていった。その始まりが京都駅と梅小路駅で、それまで旅客・貨物を取り扱っていた京都駅から貨物を分離し、日本初の貨物専用駅として1913（大正2）年に新設された梅小路駅に移管された。これが、後に東京駅や大阪駅でも行われた「貨客分離」の先駆けであった。

その後、戦中・戦後の輸送需要や石炭不足などにより、蒸気機関車から電気機関車・ディーゼル機関車への動力近代化が進み、新型車両が次々に登場していく。その一例が1954（昭和29）年に登場し、東海道本線で運用された2車体連結型（永久連結）の超大型の貨物用機関車であるEH10形電気機関車などである。また、1959（昭和34）年に誕生したコンテナ専用直行列車「たから」は、トラック輸送との連携によって貨物を輸送することを可能とし、それまで貨物列車の貨車の組み替えや、貨物の積み替えに要していた時間を省くことで時間短縮を図り、直行列車として汐留（東京）—梅田（大阪）間を結んだ。この「たから」の輸送方式が、現在の

吹田機関区（JR貨物）に集結した電気機関車
EF66形・EF200形・ED500形・EF500形・EF30形・EF81形
撮影：1993（平成5）年

自動車専用貨車「車運車」
百済駅（大阪府大阪市）は自動車輸送の拠点であった
撮影：1966（昭和41）年

貨物輸送の基礎となっている。

国鉄分割民営化後、貨物輸送は日本貨物鉄道（ＪＲ貨物）が継承し、同社は貨物駅の改良や、新型機関車の導入、機関車によって貨車を牽引する「動力集中方式」ではなく「動力分散方式」によるコンテナ電車「スーパーレールカーゴ」の導入などにより、貨物輸送の効率化・速達化を進め、サービスの向上を図っている。

（廣江正幸）

コンテナを輸送するオート三輪
1959（昭和34）年頃

貨物の運搬
1960年（昭和35）年頃

貨車への馬の積み込み
昭和30年代

本館1階で保存・展示しているワム3500形7055号車

様々な貨車

列車に乗っていると、貨物列車を見かけることがある。

当館の前を走る東海道本線の貨車は、コンテナ車がほとんどだ。最長26両編成の貨物列車となって、一度に1，300トンもの貨物を運んでいる。

また当館の隣はJR貨物の京都貨物駅であり、スカイテラスからは停車している貨物列車や貨物を入れるコンテナ、コンテナを貨車に載せるフォークリフト等を見ることができる。

貨物輸送も時代によって大きく姿を変えたものの一つだ。

かつて駅は旅客・貨物とも取扱いを行っていたが、旅客利用の増加に伴い、従来の駅は旅客専用とし、新たに貨物専用の駅を設ける「貨客分離」が増えていった。

京都貨物駅はかつて梅小路駅と呼ばれ、京都駅から貨物取扱を切り離した貨客分離の全国第一号である。１９１３（大正２）年に開業し、各地から集まった貨車を目的地別に組成する、西日本を代表する貨物駅となった。しかし手狭となり、１９２３（大正12）年に開業した吹田操車場に列車組成の役目を譲ることとなった。

梅小路駅は各地へ貨物を送り出す役目を続け、２０１１（平成23）年には京都貨物駅に名前を変え、現在は軽自動車などを発送している。

輸送方法も大きく変わった。

日本の貨車の歴史は、イギリスから輸入された木造貨車から始まった。新橋―横浜間の鉄道開業の翌年に貨物輸送が始まっている。この時輸入された貨車は大きく分けて、有蓋《がい》貨車と無蓋貨車の二種類であった。有蓋貨車とは、文字通り蓋（屋根）のある貨車のことで、雨天時に貨物が濡れないようになっている。反対に無蓋貨車は屋根が無く、雨に濡れても問題のない砂利や木材などの輸送に使用された。

その後、貨物輸送量の増加に合わせて、貨物の特性に合わせた冷蔵貨車や家畜車などの専用貨車が開発され、任務にあたった。

１９５９（昭和34）年に導入された貨物を積載して輸送する箱「コンテナ」は、貨物輸送に大きな転換をもたらした。貨物駅と出発・目的地を結ぶトラック輸送時に、貨物をトラックへ移すのではなく、貨物の入ったコンテナごとトラックへ積載できる利点がある。もちろん貨物駅でコンテナを別の列車に載せ換える際も同様であり、専用貨車で輸送していた際の荷物の載せ換えや貨車の組み換えにかかった時間を大幅に省くことができたことから、コンテナ輸送は現在の主流となっている。

また、かつて長い貨物を運ぶ貨車（長物車）の一員として誕生したコンテナ輸送用貨車（初代はチキ５０００形、１９５９年）も、後年「コンテナ車」という新たな項目が設定されるほど数を増やし、現在も改良が続いている。冒頭の通り、当館から見ることができる貨車もほとんどが「コキ」と呼ばれるコンテナ車だ。

ところで当館では、２両の貨車を保存・展示している。これは有蓋貨車ワム３５００形７０５５号車と車掌車ヨ５０００形５００８号車と呼ばれるものであるが、このうち

営業線上を走るコンテナ車（コキ107形）と積載されるコンテナ

車掌車については別項で紹介しているので、本項では有蓋貨車について紹介する。

ワム3500形は1917（大正6）年に、ワム32000形として製造が開始された、大正時代の代表的な大型有蓋貨車である。車内には15トンまで貨物を積載できる。7055号車は同年に日本車両製造で製造された。

また、ワム3500形7055号車の展示場所にもご注目いただきたい。一見普通に見えるかもしれないが、台車が載る線路はどうだろうか。枕木の上に線路、という一般的な姿だけではないことがお分かりいただけるだろう。

線路の周辺にある黒い装置は「カーリターダー」（軌道貨車制御装置）というもので、操車場の設置目的である「各地から集まった貨車を目的地別に組成する」ための機械である。

当時、操車場にはハンプ（丘）が設けられ、貨車はハンプの上から一両ずつ切り離され、坂を下って行先別の仕分線に入れていた。その際、貨車の速度を調整していたのがカーリターダーである。当館で保存しているものは、貨車が通過する際、両側から車輪を締め付けて減速させる形状のもので、かつて吹田操車場で使用していた。カーリターダーは国内でも現存するものは少ない。

貨物列車は今日も全国を駆け巡っている。当館にお越しの際は、貨物列車にも思いを馳せていただき、また保存貨車と現用貨車、貨物設備の新旧を見比べながらお楽しみいただきたい。

（廣田琢也）

当館で展示しているカーリターダー

吹田操車場のカーリターダー
ハンプで切り離された貨車を減速させるため、通過時に圧縮空気を利用して両側から貨車の車輪を締め付ける装置。（1954（昭和29）年）

吹田操車場の振分扱所
ポイントの切換やカーリターダーの操作などは振分扱所で行われていた。（1954（昭和29）年）

本館１階で保存・展示しているヨ5000形5008号車

車掌車

貨物列車のしんがり

「車掌車」という言葉は、今や死語に等しい。言葉の響きから、電車の前後にある乗務員室や、そこで列車のドアの開閉や車内放送をする車掌の姿を思い浮かべる方も居られるだろう。しかし車掌車は、貨車の種類の一つである。

かつては貨物列車にも「列車係」と呼ばれる車掌が乗務しており、そのために造られた車両（事業用貨車）が、この車掌車である。貨物列車への車掌車連結は１９８６（昭和61）年に原則廃止され、現在ＪＲの営業線上を走る車掌車の数はとても少ない。また走行の機会も相当減少しており、現在定期的に走るものはない。特大貨物や鉄道車両の輸送時に、稀に登場する程度だ。

ＪＲグループでは、ＪＲ西日本が旅客６社で最後まで車掌車を所有していたが、2016（平成28）年にヨ8000形車掌車ヨ8709号車を東武鉄道へ譲渡したため旅客会社からは全廃され、現在はJR貨物のみが車掌車を所有している。

当館ではヨ5000形5008号車と呼ばれる車掌車を1両保存している。この車両は1959（昭和34）年に、ヨ3500形から改造され誕生した。通常、車掌車の塗装は黒色だが、この車両は淡緑色である。これは同年に日本で初めて設定された、コンテナ車による特急貨物列車「たから」専用の車掌車とされたためで、「たから」専用コンテナと同じ塗色になっている。

ちなみに床下の赤茶色は、コンテナを積載する貨車チキ5000形と同じ塗色であり、編成全体で色合いを合わせたものだった。車掌車の前後には「たから」の電照式テールマークを掲出して使用され、これも貨車としては日本初の試みだった。廃車後はJR貨物の敷地内で保存されていたが、当館の開館に合わせて徹底的に整備され、塗装も「たから」に使用していたものに復元のうえ、搬入した。

当館スタッフの中には、ヨ5000形での乗務経験を持つ職員が居り、ヨ5000形について「一人で乗務するには車内が広すぎる車両だった」と言う。車内は長テーブルに丸椅子が3つ、さらにロングシートが設置され、一見すると狭いが、一人で乗務するとなると、確かに広そうだ。また部屋の真ん中には石炭ストーブが設置されていたことも、過去の車両と大きく違った点として挙げられた。

ヨ5000形5008号車は本館1階の中心部にあるが、入口側を固める500系、581系、489系の影に隠れているように見える。ご来館の折には、踏切辺りから見える淡緑色の車掌車にも、目を向けていただきたい。

（廣田琢也）

営業線上を走る車掌車（ヨ8000形）

ヨ5000形5008号車の車内の様子（通常非公開）

本館２階　列車を安全に走らせよう

ATS・ATC

列車を安全に運行するためには、係員が正確な判断や取り扱いをすることが前提である。その取り扱いをバックアップし、安全をより確かなものとする目的で保安装置が設置されている。その代表的なものにATSとATCがある。

ATSとは、自動列車停止装置（Automatic Train Stop）のことであり、列車が停止信号機に接近すると、地上からの制御信号により、運転室内に警告ベルを鳴らし運転士に注意を促したり、速度超過を判断し自動的にブレーキをかけて信号手前で列車を停止させたりする機能を持つ保安装置である。これにより、自動的に列車の追突・衝突を防ぐことができる。

ATSは主に2種類に分類される。ATS-S形は、停止信号や速度超過を検知すると非常ブレーキが動作するようになっている。さらにATS-P形は、停止位置までの距離情報を列車の車上装置に送り、列車が速度パターンを超えると警報が鳴り、自動的にブレーキが作動するようになっている。

さらに新幹線や都市部の一部路線などでは、ATC（自動列車制御装置 Automatic Train Control）という保安方式が用いられている。この装置は、先行列車との距離や線路の速度条件に応じて列車速度を制御するもので、指示された速度を超えて走行すると自動的にブレーキがかかる。また、ATCを導入している路線では、線路脇に信号機がなく、制限速度は運転台に表示されるようになっている。そのため、高速で走行し、信号の確認が困難な新幹線にも適した保安方式となっている。

なお現在では、鉄道営業路線を走る車両には、鉄道営業法ならびに関連省令により、ATSやATCの設置が義務付けられており、煙を上げて走行する蒸気機関車も例外ではない。京都鉄道博物館の動態保存車両で、本線でも活躍するD51形200号機にはATS-Pが設置されており、そのために発電機を増設したとのことである。時代の最先端を行く新幹線から、時代の生き証人である蒸気機関車まで、列車を安全に走らせるための装置が整備されている。

（上田和季）

ATS車上子・地上子（ATS-SW形）

本館1階のEF66形電気機関車35号機の嵩上《かさあげ》展示では、ATS車上子《しゃじょうし》を見学することができる。

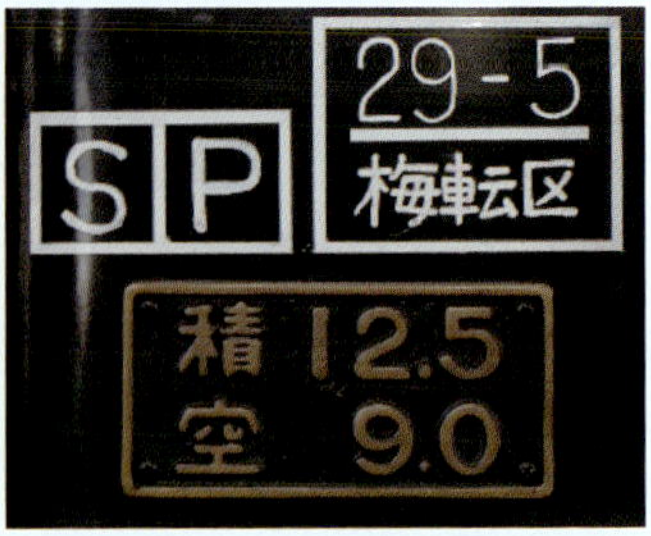

D51形200号機にはATS-Pが搭載される
車体の側面には、ATS-P形とS形を装着していることが示されている。

プロムナードの0系新幹線電車22形1号車の運転台では、ATC車上《しゃじょう》信号《しんごう》装置《そうち》を見学することができる。

0系新幹線の運転台にある速度計には、ATCの指示速度が表示される。

鉄道文化

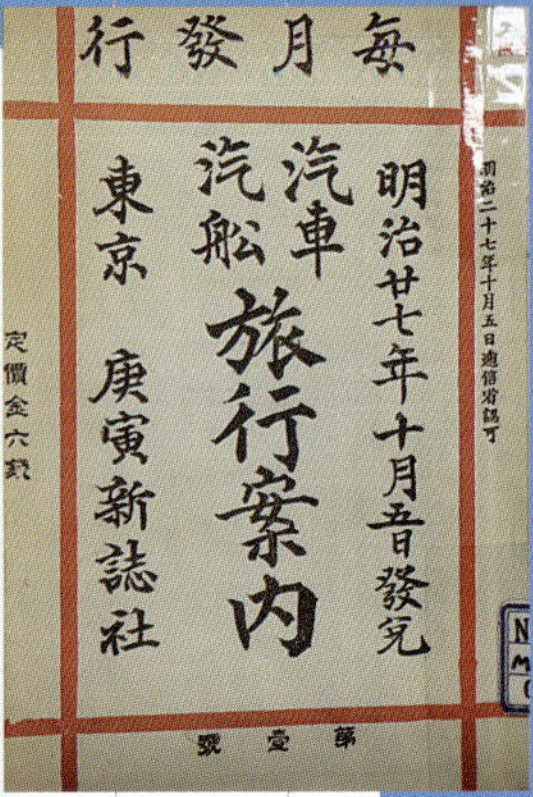

1894(明治27)年10月号の汽車汽船旅行案内

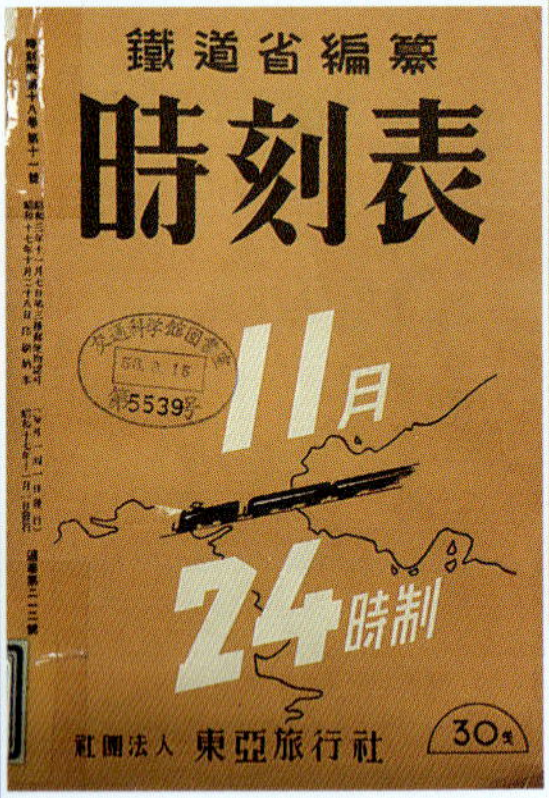

表題が時刻表となった戦中、1942(昭和17)年11月号

戦後初の特急「へいわ」が運転を始めた1949(昭和24)年9月号

歴代の時刻表

時代たどる旅の「必携版」

書店などで販売されている時刻表の表紙は、毎月話題になった列車の写真や、旅行に誘うようなキャッチフレーズなどで華やかに彩られている。時には、これまでの時刻表のイメージとは一線を画すような大きなインパクトを与える企画物の表紙もあり、読者を飽きさせない工夫が凝らされている。

世界で初めて販売された時刻表は、イギリスで1839(天保10)年に発行された『ブラッドショウ鉄道時刻表』である。一方、日本初の月刊時刻表は、1894(明治27)年に庚寅新誌社が発行した『汽車汽船旅行案内』であった。当初は四六判(縦19・2センチ、横13センチ)、94ページの冊子で、表紙に挿絵などはなく、白地に毛筆書きで、朱枠が配されるというシンプルなものであった。

この列車時刻表は漢数字の縦書きであるため、左から右へめくるという様式が用いられており、折りたたみの日本地図、列車時刻表のほか、広告・論説・要報・紀行文・小説なども掲載され、列車の運転時刻以外の内容で半分以上が占められていた。

その後、１９２５（大正14）年４月に日本旅行文化協会（現在の株式会社ＪＴＢパブリッシング）より、現在のＪＴＢ時刻表の創刊号となる『鐵道省運輸局編纂　汽車時間表　附汽船自動車發著表』が発行された。この時刻表は縦20センチ、横22・８センチ、厚さ11ミリ、２３１ページの変形大型冊子で、表紙は上半分が表題、下半分は「時刻表の引出し方」の説明が付され、四隅には動輪と砂時計のイラストが配されていた。

それまでの時刻表と異なる最大の特長は、欧米にならって算用数字を取り入れた横書きで記載され、様々なマークが用いられた点である。初期は駅弁の販売駅・旅行者用洗面所のある駅・公衆電報取り扱い駅・赤帽所在駅などのマークが表記され、数年後には寝台車、食堂車などの列車に関するマークも表示された。今に続く時刻表の原型は、すでに90年前には出来上がっていたのである。

現在は、各種交通機関の時刻表がインターネットでも容易に検索できるようになったが、過去から現在に至るまでの列車時刻表には、鉄道だけではなく、バス、航空、宿泊、観光情報についても掲載されているため、各時代の世情を知る貴重な資料としても活用できる。

当館では前述の『汽車汽船旅行案内』復刻版を始め、現在までの時刻表を多数収蔵している。申請により当館図書資料室での閲覧が可能なので、過去へのタイムトリップに是非一度当館を訪れてみてはいかがだろうか。（加藤沙織）

『汽車汽船旅行案内』復刻版や現在までの時刻表は、申請すれば図書資料室で見ることができる

「鐵道省運輸局編纂　汽車時間表　附汽船自動車發著表」復刻版
1925（大正14）年４月号

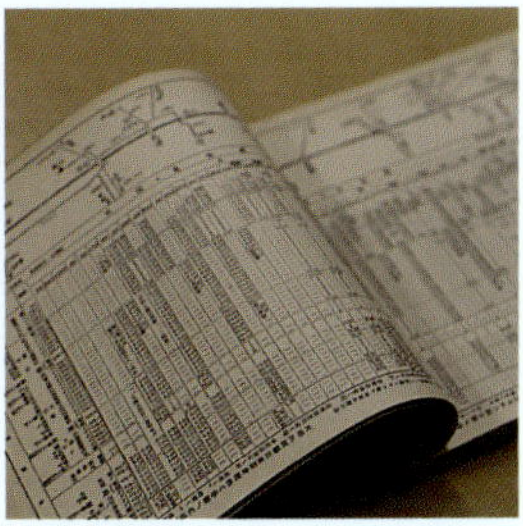

「鐵道省運輸局編纂　汽車時間表　附汽船自動車發著表」復刻版見開き頁
1925（大正14）年４月号

「東京横浜鉄道往返之図」 1873（明治6）年　歌川広重（三代）画
開業当時の鉄道を描いた錦絵には、鉄道の発車時刻や運賃が載っているものがある

「鉄道独案内　新橋」
1872（明治5）年　芳虎画　伊勢兼版

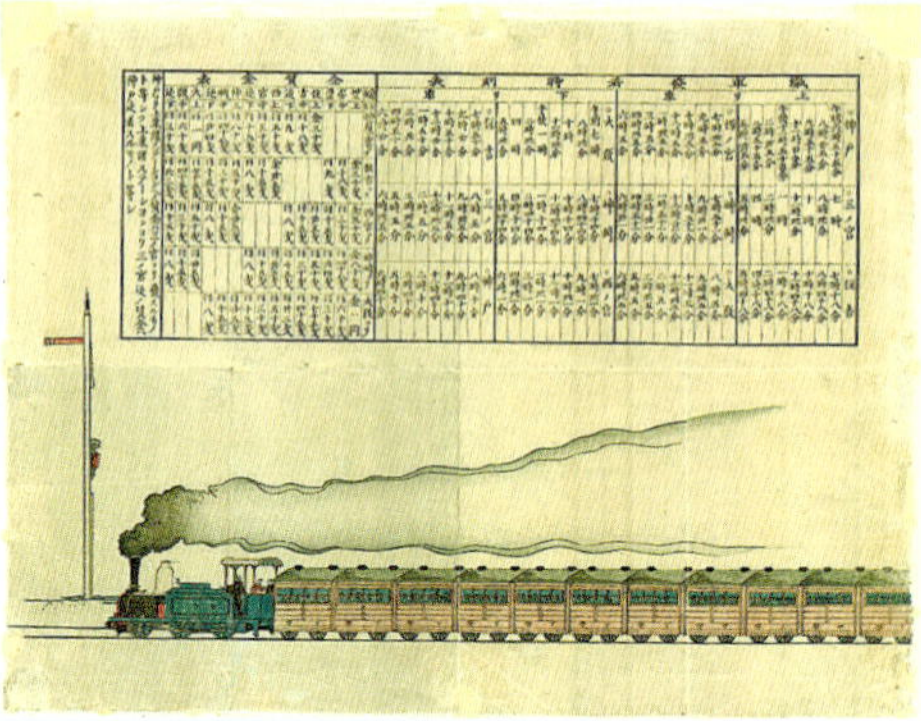

「大阪ー神戸間汽車発着時刻表賃金表」
推定1875（明治8）年　作者不明

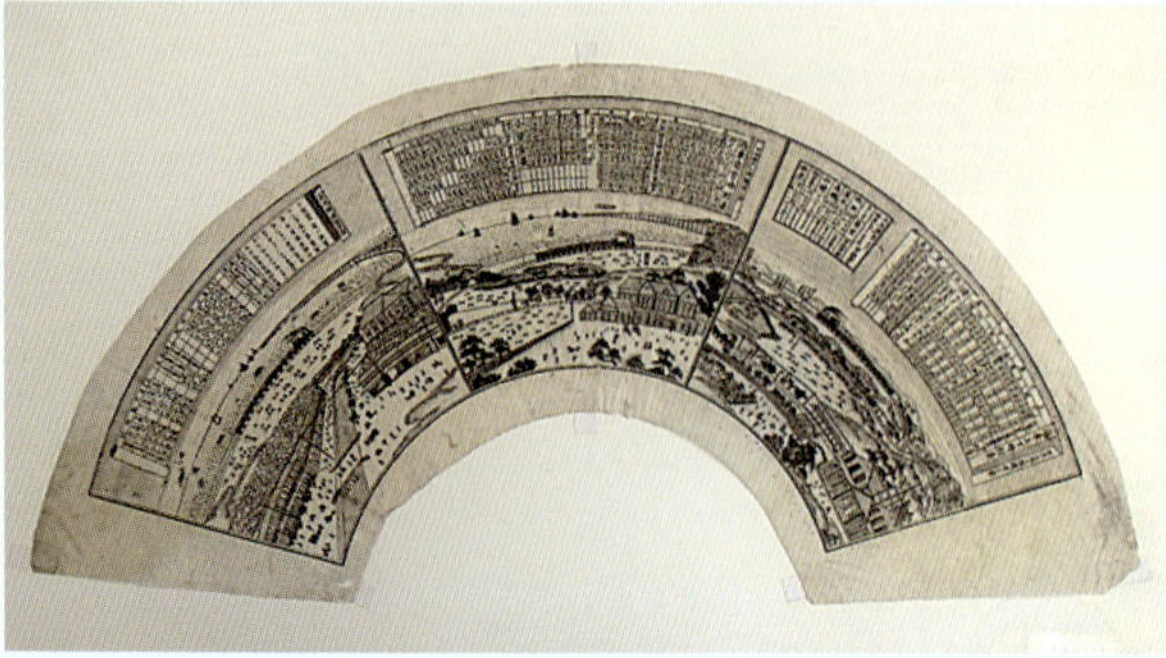

『西京大坂・大阪神戸・東京横浜　鐵道之圖』
（汽車上下時刻表）　明治10年代

『旅行』（最新時間表）
1906（明治39）年6月1日発行

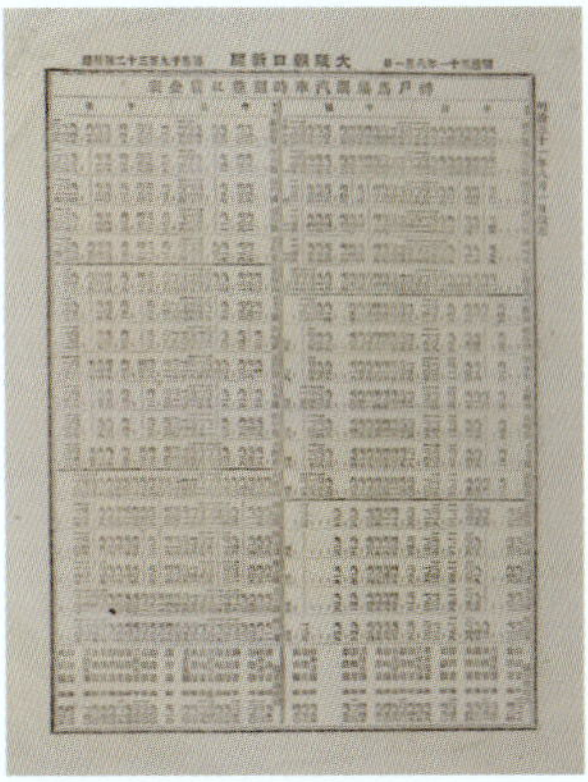

東海道本線、神戸馬場間汽車時刻表並に
賃金表　1898（明治31）年8月1日改正

時刻表　1954（昭和29）年10月1日改正

占領下の時刻表『IJGR TIME TABLE
DECEMBER 1946』　1946（昭和21）年

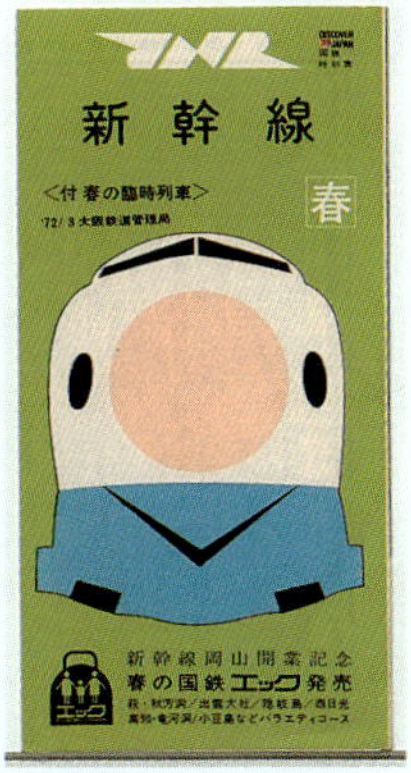

東海道・山陽新幹線時刻表
1972（昭和47）年春

国鉄線時刻表
1960（昭和35）年6月1日現在

国鉄線時刻表
1957（昭和32）年6月1日現在

鉄道営業の神様　木下淑夫《よしお》

接客、誘客で近代化に尽力

木下淑夫（日本国有鉄道百年史より）

国際観光事業の大切さに早くから気づき、日本の鉄道の営業体系を構築し近代化させた人物こそ、木下淑夫である。

木下は1874（明治7）年、京都府熊野郡神野村（現京丹後市）に生まれた。1898（明治31）年に東京帝国大学工学部土木工学科を卒業し、翌年、大学院在学中に逓信省鉄道作業局工務部に鉄道技師として就職した。

木下の鉄道人生で最初の大仕事は、私鉄の関西鉄道との旅客争奪戦であった。従来は私鉄と同じ立場で官鉄が「争う」ことはなかったが、運輸部旅客掛長《かかりちょう》だった木下は1902（明治35）年、激しい価格競争や粗品をつけるなどのサービス合戦を展開した。

その後、木下は営業サービスを学ぶべく欧米に留学した。帰国後、私鉄17社の運輸規定を参考に、アメリカ式のサービス主義・営業主義を取り入れた国有鉄道の営業規定を作り上げた。

それまで「〜すべし」などと命令調だった掲示文章を、「〜せられたし」といった表現に改め、接客する職員にサービス精神を持たせる指導を行った。

また、定期券割引制度の創設や回遊列車（観光用臨時列車）の導入、国際連絡運輸の充実、営業所の開設など、新しいサービスを次々に導入した。現在に通じる営業サービスの多くは、木下の主導によるものであった。

明治後期以降、国内外向けの様々な出版物の発行に、木下の属する運輸局がかかわった。1914（大正3）年に小型化された「鉄道旅行案内」をはじめ、英文の東亜案内など、現在のガイドブックに通じる「旅行案内」を次々と刊行した。

民間3社で競合していた時刻表も、木下の働き掛けで3社統合し、1915（大正4）年1月から月刊の「公認汽車汽船旅行案内」を発行した。通称「三本松の時間表」は1919（大正8）年には発行部数1万部を超えるベストセラーとなった。

他にも自身の留学時代の経験から、外国人客誘致のためのジャパン・ツーリスト・ビューロー（現JTB）を鉄道院主導で設立した。各地に案内所を設け、外国人旅行者向けに時刻表、案内書、地図などの配布や、乗車船券の委託販売を行い、積極的に国際観光事業を推進した。

木下は勉強家の穏やかな紳士で、「営業の神様」と称された。そして、彼ほど鉄道先進国の事例を学び、日本の鉄道営業に斬新な試みと、以降に続く影響を与えた人物はいない。彼の残した足跡の一端を、当館の展示を通して知っていただきたい。

（加藤沙織）

京都鉄道博物館で展示されているさまざまな旅行案内書（本館2階・「旅行」コーナー）

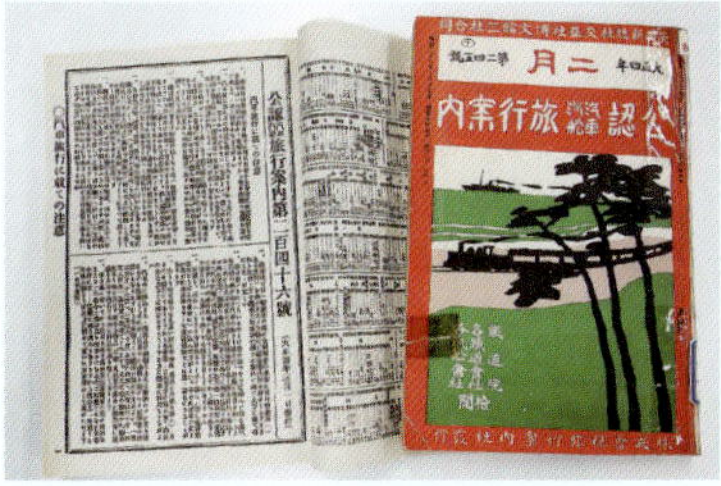
1915（大正4）年に旅行案内社が発行した「公認汽車汽船旅行案内」（2・3月号）

鉄道錦絵《にしきえ》

新時代に期待、色鮮やか

「京坂名所図絵大阪梅田ステンション気車之図」
（野村芳国　1885（明治18）年頃）

明治維新後、西洋の文化や技術が日本に多くもたらされ、日本の生活様式は劇的に変化した。なかでも鉄道の登場は、当時の人々に大きな衝撃を与え、新時代の幕開けを予感させたことだろう。このような時代にあって、盛んに制作されたのが「鉄道錦絵」である。

錦絵とは、江戸時代中期から庶民文化として広まった多色刷木版画のことで、鮮やかな色彩が特徴的である。なじみのない方には、「浮世絵」（肉筆画・木版画）の一種と言った方が、イメージしやすいかもしれない。

錦絵の題材は、歌舞伎役者などの人物や風景にはじまり、社会風刺の図柄など幅広い。幕末から明治へと時代が大きく変化すると、洋風建築や鉄道など「文明開化」を象徴するような題材の作品が登場し、人気を博した。これらの作品のうち、特に鉄道を題材にしたものが鉄道錦絵だ。

鉄道錦絵の登場は、なんと、1872（明治5）年の鉄道開業よりも早い。鉄道の開業に向けて測量作業が始まった1870（明治3）年には、浮世絵師たちも想像で蒸気機関車などの錦絵を描き始めていた。同年に制作された歌川国輝の「横浜蒸気車鉄道全図」は、その一例である。

明治初期、多くの日本人にとって鉄道は未知のものであったが、同時に高い関心も集めていた。このため、鉄道錦絵が売り出されるとたちまち人気商品となり、絵師たちには版元からの注文が殺到した。

錦絵の制作工程は職人たちによる手作業だったが、版元の発注から店頭に並ぶまで、1週間ほどで完成したようだ。だが、1887（明治20）年ごろになると、明治の欧化や文明開化の物珍しさも薄れ、印刷技術の発達や普及もあって、錦絵（木版画）の制作自体が下火になっていった。

明治期の人々にとっての錦絵は、現代のポスターのような感覚で手軽に購入できるものだった。しかし、後にその芸術性などが海外で高い評価を得たことで、現在は国内外で「美術品」として取り扱われている。

カメラが手軽でない時代の生活や風俗などの様子を、写真以外のビジュアルで知ることができることから、当館では鉄道黎明《れいめい》期の様子を現在に伝える貴重な資料と捉え、「鉄道錦絵」を収集・保存して活用している。（久保奈緒子）

「鉄道往来蒸気車往帰之図」（二代長谷川貞信）

「鉄道と文化」のコーナーに展示されている、鉄道錦絵を縮小印刷した複製（京都鉄道博物館本館2階）

「東京汐留鉄道御開業祭礼図」（三代歌川広重）

引札「木綿かや蒲団綿製造」（明治期発行）

引札《ひきふだ》

明治の「チラシ」、鉄路も一役

上の資料をご覧いただきたい。夕焼けに照らされた海に浮かぶ帆船と、富士山を背にして走る蒸気機関車が描かれている。

これだけ見れば美しい風景画とも思えるが、左側には「木綿かや蒲団《ふとん》綿製造　飽託《ほうたく》郡力《りき》合《ごう》村字荒尾　本田喜一郎」という毛筆の流麗な文字がある。この資料は絵画でなく、引札と呼ばれるものだ。

引札とは、商店が開店披露や大安売りの際に配ったもので、現在のチラシ広告に当たる。語源は諸説あるが、「お客を引く札」から「引札」になったともいわれている。

引札の登場は17世紀後半の天和年間（1681〜84年）までさかのぼり、呉服商の越後屋が行った宣伝が起源とされている。そして、文化・文政期（1804〜30年）には広告媒体として広く普及していた。

引札が誕生した要因には、人口過密となっていた江戸期の大都市における経済活動の活発化の影響が考えられる。商品や商店の増加による競争で広告・宣伝が必要となり、印刷技術の進歩も相まって、引札は大量生産されるようになった。

当初は文章のみの形だったが、次第に多色で印刷されるようになり、目新しい図柄や派手な色彩、端正な毛筆書が1枚の紙に絶妙なバランスで構成され、庶民の文化として発達していった。

江戸後期から明治初期にかけての引札には、平賀源内や仮名垣魯文《かながきろぶん》といった文筆家の文章も使われている。ジョークやしゃれが盛り込まれることも多く、読み物としての人気も高かったといわれている。

明治時代に入ると、引札文化は最盛期を迎える。気に入った図柄を各商店が注文し、制作されたため、店名や商品名などの必要な情報は明確に書かれているが、絵と文章に整合性のないものが多くなった。

商店ごとの文字による広告宣伝の意味合いのほかに、人々の目を引いて楽しませることを目的として、えびす様や大黒様、鯛《たい》、富士山などのめでたいものや、相撲などの流行物、美人画、かわいらしい動物、目新しいものとして鉄道や汽船、時刻表、暦などが図柄に採用されていた。

本来ならば、引札は広告宣伝用の消耗品だが、当時の大衆芸術と人々の日常生活を伝える歴史的価値を持つ媒体の一つとなっている。そして、鉄道を題材とした引札は、錦絵（浮世絵）として当時の人々の鉄道に対する思いを知ることができる貴重な資料である。

（加藤沙織）

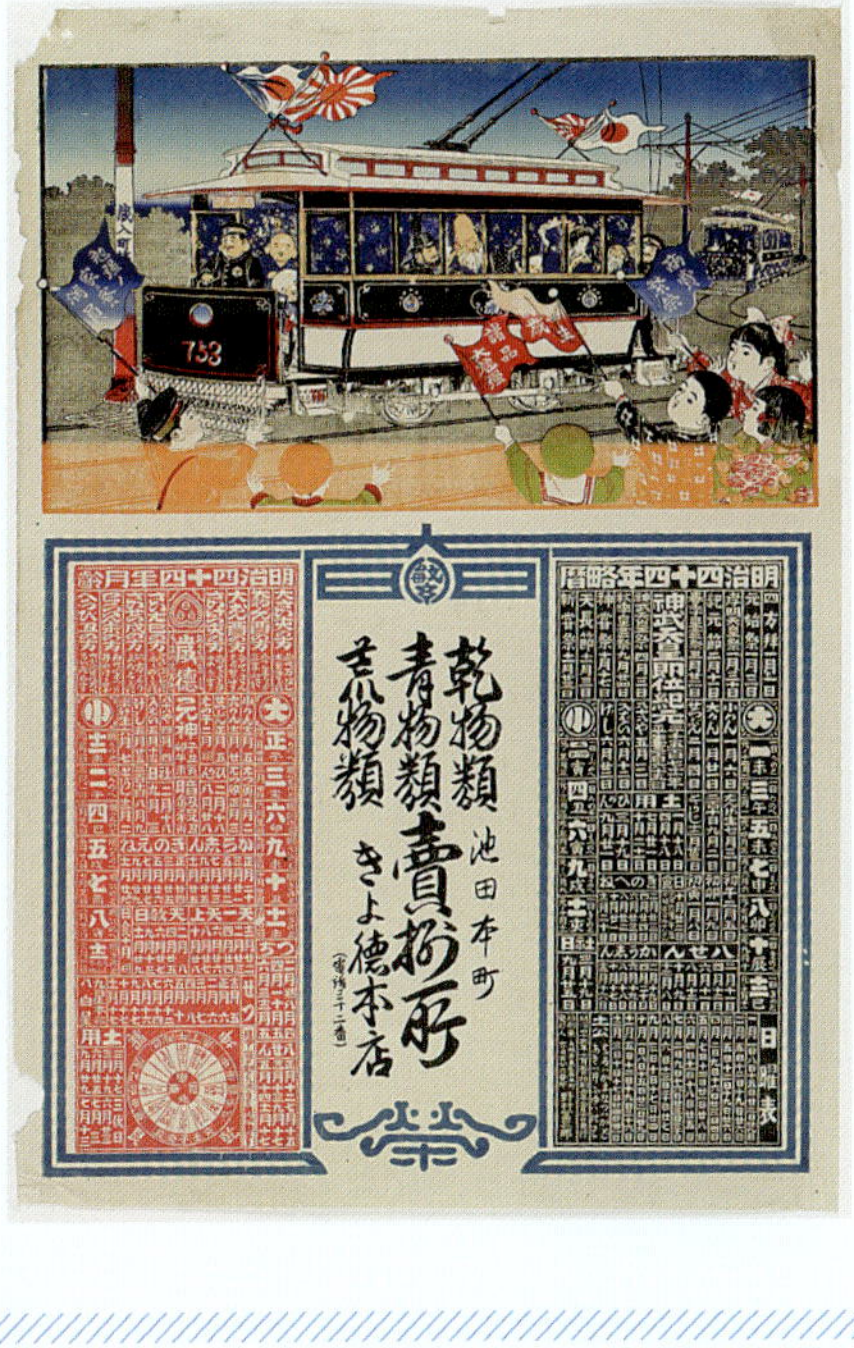

引札「乾物・青物・荒物類商　売捌所　池田本町きよ徳本店」。大阪市電、暦、めでたい図柄、「商売繁盛」などの文言が描かれている＝1910（明治43）年発行

鉄道開通70年を記念して発行されたC59形蒸気機関車の絵はがき（1942年、東亜旅行社発行）

鉄道絵はがき

世相や風俗、貴重な資料

年賀状の発行枚数が年々減少傾向にあるというニュースが毎年のように報じられている。確かに手紙・はがきを出すという行為は、それだけで特別なことと感じる世代も多くなったのだろう。

しかし、通信手段としての利用だけに限らず、絵はがきを手にする機会は、旅行、記念行事、美術館・博物館の土産物など、今なお多種多様な場面で存在している。

日本では1871（明治4）年に郵便制度が始まり、1873（明治6）年には通常の官製はがきが発行された。私製はがきの発行が許可され、絵はがきが庶民にとって身近なものになったのは1900（明治33）年ごろからだ。

ちょうどその時期に発行された万国郵便連合加盟25周年の官製絵はがきや、日露戦争

２代目大阪駅（梅田停車場）のモノクロ写真印刷の絵はがき＝推定1915年ごろ、発行先不明

手彩色が施された２代目大阪駅の絵はがき＝推定1915年ごろ、発行先不明

の際に作成された戦役記念絵はがきによって、絵はがきは一大ブームとなった。

現在では写真もカメラや携帯電話で簡単に撮影でき、自宅での加工や印刷も容易になったため、自分で絵はがきを作成することも可能だ。だが、絵はがきがブームとなった明治30年代は、写真はまだまだ貴重なもので、カラー印刷の技術も発達していなかった。

そのため、彩色された見本を基に、モノクロの写真に筆で一枚ごとに色を塗る「手彩色」という技法を用いて制作された絵はがきが販売された。

この絵はがきの制作は、非常に細やかな作業が必要とされ、さらには作業者のセンスによって配色や出来栄えが異なるものになったという。戦前までに発行された絵はがきは、一般にカメラなどが普及する以前であるため、写真としての資料価値も高い。

絵はがきの題材は、各地の名所旧跡が採用されることが多いが、次いで町のランドマークでもあった駅舎や花形機関車なども数多く発行されている。

掲載した絵はがきのうち上2枚は、ほぼ同じ構図で制作された大正時代の2代目大阪駅（梅田停車場）。モノクロ写真印刷と手彩色が施されたものだが、そこに写り込んだ人々の姿や電柱の形、看板の文字、市電の形式から撮影時の年代が推定できるなど、読み取れる情報は非常に多い。

また、彩色されたものはポイントごとに色をつけることにより、全体的な画像の印象が変化する効果や、実物の色を知る手掛かりになることもある。

車両や、駅舎などの鉄道建築物、鉄道のある街並みなど、絵はがきに写された数々の絵や写真は、当時の世相や風俗を知り得るだけでなく、鉄道の歴史を研究・調査する上でも貴重な資料といえる。

（加藤沙織）

鳥瞰図《ちょうかんず》（上）

地理を大胆にデフォルメ

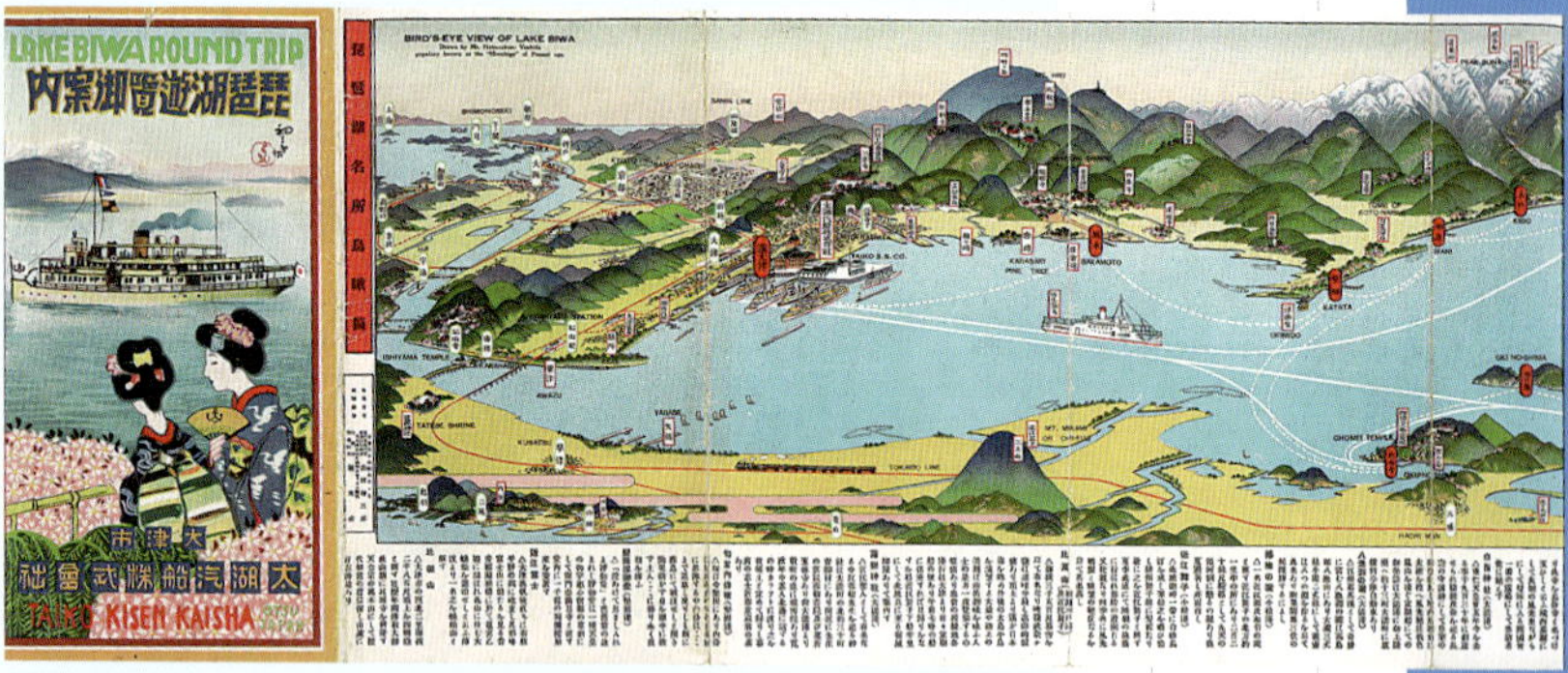

「琵琶湖周遊案内（一部）」外国人観光客のために英語表記も加えられている

当館では、鉄道部品以外にもさまざまな資料を収集・保存している。その中の一つに鳥瞰図《ちょうかんず》がある。これは地図の技法の一種を用いて描かれたもので、飛ぶ鳥の目から見るように上空から斜めに見下ろした目線で地形や路線図が描かれている。

鳥瞰図には実際には見えないはるか遠い地理や景色がデフォルメされているものが多く、遠方には下関や上海までもが描かれているものもある。デフォルメされているとはいえ、その土地の地理に路線図が加わり、地形を斬新な視点から描かれているため、その地域の特徴が一目にして分かる。地図にしては情景や色彩が鮮やかで、絵画としては路線図や地理が詳細に描かれている、という何とも不思議な魅力がある。

そして、それらを制作した鳥瞰図絵師のなかでもとりわけ有名なのが吉田初三郎（1884～1955年）である。初三郎の鳥瞰図は独特の作風を有しており、「大胆なデフォルメ」という言葉で表現されることも多い。初三郎は自らを「大正の広重」と呼び、鳥瞰図の技法の一つを確立した絵師であった。

有名なエピソードとして、1914（大正3）年に皇太子時代の昭和天皇が男山八幡に行啓された際に、初三郎が前年に制作した「京阪沿線御案内図」をご覧になって、「これは綺麗《きれい》で分かり易い。東京に持ち帰って学友に頒《わか》ちたい」というお褒めの言葉があったといわれている。これを機に初三郎の名声は高まり、依頼主も鉄道会社を中心とした多数の起業家や、地方自治体、政府や軍の高官、皇室関係者などさまざまな方面に及んだ。

鳥瞰図は描かれる範囲が広いため、作成に際しての実地調査に時間がかかることから、初三郎は鳥瞰図を「手で描くのではなく足で描き、頭で描く絵」だと述べ、自らを労働画家と呼んだ。また、特に構想と下図にも苦労したとも述べ、各部分のスケッチを数百枚集めて作画を行い、必要なところは拡大し、交通関係の描写を分かりやすくまとめるなどしていた。

しかし、その一方で1939（昭和14）年の『官報』に、水陸の形状や施設物の状況が分かる、空中・高所からの撮影、または複写、複製を禁止する（被写体より20メートル以下の場合は除く）条文が記載された。これは戦時中のスパイ行為を防ぐ目的で制定された条文で、鳥瞰図もこの対象となった。

この条文が定められたため、戦時中の初三郎の仕事は鳥瞰図以外の制作に重きをおくこととなった。とはいえ、初三郎は大正中頃から昭和20年代の約30年間に1600枚以上もの鳥瞰図を描き、現在ではその作品のコレクターも増えている。

（飯田一紅子）

「琵琶湖周遊案内」の大津、京都部分。御所や保津峡、遠く上海や下関も描き込まれている

梅小路駅の貨物積卸場（『日本国有鉄道百年写真史』より）

鳥瞰図（下）

物資、牛馬が集《つど》った梅小路《うめこうじ》

　1913（大正2）年6月21日、旅客用の客車と貨物用の貨車の取り扱いが行われていた京都駅から、貨物の取り扱いを移す形で梅小路駅が開設され、東海道本線・山陰本線・奈良線の貨物取り扱いが開始された。

　この貨物専用の梅小路駅は、1987（昭和62）年の国鉄民営化によってJR貨物（日本貨物鉄道）の駅となり、1990（平成2）年に下京区頭町へ移転（移転跡地が現在の梅小路公園）、2011（平成23）年に京都貨物駅に改称され、現在に至っている。

　常設展示『物を運ぶ』で展示している1930（昭和5）年発行の「梅小路駅を中心とせる京都名所御案内」は、鳥《ちょう》瞰《かん》図《ず》絵師・吉田初三郎の作品が掲載された観光案内である。梅小路駅を中心にして京都駅も描かれており、後背には京都市街が配されている。観光案内用の簡略化された描写ではあるが、当時の梅小路駅周辺の様子の一端が分かる。

　駅の構内に目を凝《こ》らすと、貨物トラックに混じって荷車を引く馬が描かれている。昭和初期当時にあっても、牛馬は近距離間での物資輸送の重要な役割を果たしていたのである。古くから馬の守護神として信仰され、現在は長等《ながら》神社（滋賀県大津市）の境内社となっている馬神《うまがみ》神社には1926（大正15）年12月、「京都梅小路　牛馬車同業會《かい》」によって建立された石鳥居がある。

　江戸時代、京都の西方を流れて淀川に合流する桂川は、京都の西側における物資の移出入路として利用された。上流の丹波地方から筏《いかだ》によって、日常生活や商工業において燃料として使用された薪炭《しんたん》（薪《たきぎ》と木炭）や、建材用の木材が運ばれ、下流の嵯峨・梅津・桂などで荷揚《にあげ》が行われていた。

　しかし、1899（明治32）年に京都鉄道の京都―園部間が開業すると、薪炭などの輸送は鉄道輸送が主体となり、嵯峨駅と二条駅で積み荷が降ろされた後、嵯峨・二条・梅小路・伏見などの薪炭商に卸されるようになっていった。梅小路に所在した牛馬車同業会は、二条駅などからの薪炭や、梅小路駅で積み降ろしが行われた物資などの輸送を担っていた、輸送業者の組合であったのだろう。

　ちなみに、1919（大正8）年の『京都日出新聞』2月3日付には、前年の梅小路駅における「動物」の取り扱いは、発送が1615頭、到着が1375頭とある。この「動物」の多くは牛馬であったと推察される。

　以上のように、大正末期から昭和初期にかけての梅小路駅周辺では、物資輸送や家畜用として売買される牛馬などの動物が行き交っていたことが、当時の史料や石造物の銘文だけではなく、この鳥瞰図からも窺《うかが》い知ることができるのである。

（廣江正幸）

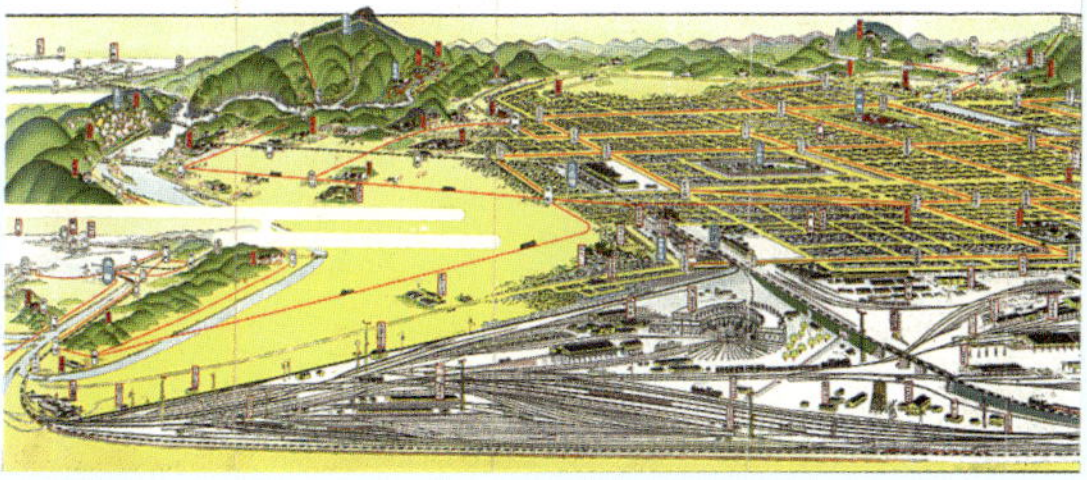

「梅小路駅を中心とせる京都名所御案内」中の吉田初三郎の鳥瞰図（部分）

馬神神社の鳥居

「鉄道と文化」を紹介する展示の「食」コーナー（京都鉄道博物館）

駅弁

頬《ほお》張《ば》れば味覚も旅路へ

駅構内や列車内などで販売されている駅弁の形態は、白飯と数種類のおかずで構成される定番の「幕の内弁当」から、各地方の特産品を使用し、パッケージや容器にも意匠を凝らした「ご当地弁当」までさまざまである。列車の行く先々には豊富な種類の駅弁があり、それぞれの土地の特色ある味覚が楽しめるといった点が、駅弁の醍醐《だいご》味といえるだろう。

日本以外では、中国、台湾、シンガポール、タイなど、アジアの一部でも駅や車内での弁当販売が行われているが、

戦時中の駅弁掛紙
右上に「辨當殻・果皮・紙屑・等は腰掛の下へ」と記載されている。ゴミは散らかさずに座席下へ捨てるのが往時の車内マナーであった。

日本のように数多くの種類があるわけではないらしい。多種多様な日本の駅弁は、近代以降における日本の食文化のひとつといえる。

　さて、日本で初めて駅弁の販売が行われた駅については諸説があるが、一般的には1885（明治18）年、栃木県の宇都宮駅で販売された「握り飯2個と沢庵漬《たくあんづけ》を竹皮で包んだ弁当」が日本初の駅弁であったとされている。その他にも、1877（明治10）年ごろに梅田駅（現在の大阪駅）や神戸駅で売り出された駅弁が日本初であるといった説もある。いずれにしても、駅弁の歴史は明治中期ごろにはすでに始まっていたという点については間違いないようだ。

　また、列車の乗客が駅のホームで立ち売りをする販売者から、駅弁を購入する売買方式は明治時代から行われていた。しかし、窓の開閉ができない車両の増加や、列車の速達化による旅客の車内滞在や列車停車の時間短縮、駅構内での販売施設の増加などによって、ホームでの立ち売りは次第に姿を消していった。現在では、一部の地方駅などでわずかに行われているだけとなっている。

　当館の常設展示では、『生活と鉄道』の「鉄道と文化」のコーナーにおいて、各地の駅弁を紹介している。展示しているバラエティーに富んだ食材や容器などを通して、全国各地の特産品や食文化、駅弁文化などの魅力の一端を感じていただきたい。

（廣江正幸）

駅弁立売箱

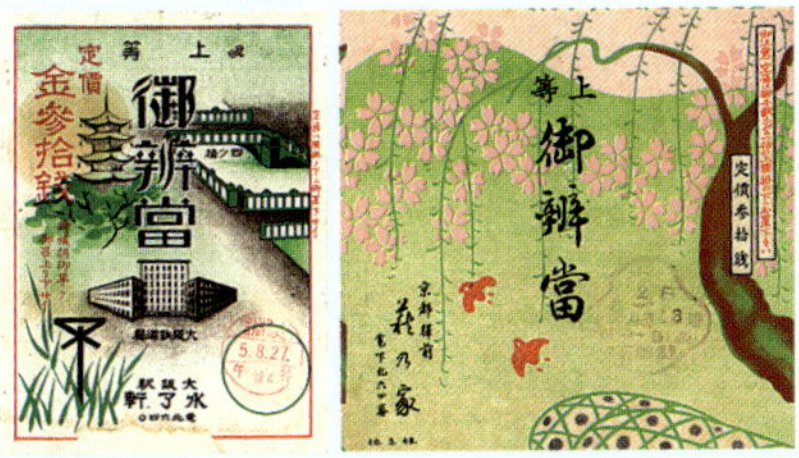

昭和初期の京都駅前萩乃家（右）と大阪駅水了軒（左）の駅弁掛紙＝館内常設展示『列車に乗ろう』より

台湾でも駅弁文化は根付いており、近年はブームで活況を呈しているという。写真は阿里山森林鉄道の奮起湖駅で販売されている鐵路便當「列車長 軟焼肉」。

「こふづ（国府津）」駅（神奈川県小田原市）でかつて販売された汽車土瓶

汽車土瓶《どびん》

旅先に思い巡らす手書き文字

日本各地に鉄道網が広がるにつれて、移動距離や乗車時間も伸びていった。そのため、乗車中に飲食する必要が多くなり、駅で弁当やお茶の販売が始まった。

汽車土瓶は、旅先で使い捨てるお茶の容器として、1889（明治22）年に静岡駅で、土瓶にお茶を入れて初めて販売されたといわれている。

その後、湯飲み兼用のふた付き陶器の小瓶にお茶を入れるスタイルが定着した。益子（栃木県）や信楽《しがらき》（滋賀県）、常滑《とこなめ》（愛知県）など各地の窯場でつくられ、特に益子や信楽は広範囲に供給していた。

京都駅構内での発掘調査で明治時代の汽車土瓶が大量に出土しており、停車中の車窓から線路に投げ捨てたりして処分されたと考えられている。

容量は2合（約360cc）

ほどで、細長い注ぎ口と取っ手を付ける耳がある。出土した汽車土瓶の取っ手は針金で作られていたため腐食して残っていないが、ふたや湯飲みが一緒に出土している。

当初使用済みの汽車土瓶は回収され、洗浄後に再利用されていたが、回収禁止の規定が出されたり、乗客が飲食後に投げ捨てたりするなど、使い捨ての性格が大きかった。

汽車土瓶の大きな特徴は、側面に販売場所の地名や店名が手書きされていることだ。例えば、地名では京都近郊の「そのべ」「奈良」、東の「静岡」「ぬまづ」、西の「みたじり」「ひろしま」、店名は「月の家」「銀月軒」などがある。また、それぞれの形や釉薬《ゆうやく》などにも違いがあり、全国から運ばれてきたことが裏付けられる。

駅弁やお茶を手に全国各地の駅から鉄道に乗り、途中で食事をしながら京都駅にたどり着いたことなど、当時の鉄道車中を想像することができ興味深い。

汽車土瓶は旅先でのお茶の容器として長く利用されたが、陶器製ということで重量があり壊れやすいため、昭和30年代ごろからポリ容器に変わっていき、現在ではペットボトルが中心となっている。

当館では、プロムナードに展示しているブルートレインのナシ20形食堂車で、食事とともに昔懐かしいポリ容器のお茶を販売している。多くの人にはこちらの方がなじみ深いかもしれない。

時代とともに変わってきた車中で親しまれたお茶の容器を通して、鉄道の歴史に触れてみてはいかがだろうか。

（岡本健一郎）

1945（昭和20）年ごろに製造された信楽産の汽車土瓶（右）と、後に復刻された汽車土瓶

館内で展示しているさまざまな汽車土瓶。昔懐かしいポリ容器も（右上は水了軒の牛乳瓶）

絵ハガキ
客車と汽車土瓶 美味い静岡駅のお茶（昭和前期）

佐賀藩精煉方によって日本で初めて製作された蒸気機関車の模型（複製）＝本館1階「鉄道のあゆみ」コーナー

鉄道模型

展示のジオラマ、観覧人気

乗る、撮る、食べる、音を聞く。鉄道の楽しみ方は、時代とともに広がりを見せている。中でも鉄道模型には、作る、集める、見る、走らせるなど、多様な楽しみ方がある。

鉄道模型の登場は、1830年代のヨーロッパで玩具として販売されたことに端を発する。当時の鉄道模型は架空の車両が多く、玩具としての色彩が強かった。そのため「玩具鉄道」と呼ばれる。

日本で初めて作られた鉄道模型は、1855（安政2）年に佐賀藩精煉方が作った蒸気機関車の模型だ。1853（嘉永6）年にロシアのプチャーチン一行が長崎で披露したSL模型を参考に作られた。

その後、実物の鉄道が誕生し、日本の鉄道模型は実物車両を忠実に縮小した「スケール・モデル」と呼ばれる製作

た。技術の分野を急速に発展させ

現在、鉄道模型のスケール・モデルで広く普及しているのは、レールの間隔（軌間、ゲージ）が9ミリの「Nゲージ」や、16・5ミリの「HOゲージ」である。JR各社の車両の場合、Nゲージであれば在来線が150分の1で新幹線が170分の1、HOゲージでは在来線が80分の1、新幹線が87分の1の縮尺となっている。

当館の模型関連のコーナーでは、HOゲージ模型が走行する「鉄道ジオラマ」が人気を集めている。運転操作できると期待して来る方も多いが、このコーナーは係員が操作し、来館者には走行する模型をBGMや解説とともに観覧していただいている。

模型の走行を観覧するスタイルの展示は、「ジオラマ」や「パノラマ」などと呼ばれ、全国の交通系博物館で同様に設けられており、いずれも人気のコーナーである。当館の前身である旧交通科学博物館でも、大変人気を博していた。

鉄道ジオラマのルーツは、東京・万世橋の旧鉄道博物館（後の交通博物館）にある。終戦直後、東京駐屯の米軍曹が中心となり、同館の200平方メートルの空間に全長100メートルのレールを敷設、周囲に構造物を製作配置して、130両余りの車両を走行させる大運転場を作り上げた。1948（昭和23）年には博物館独自の模型鉄道運転場が完成、リニューアルを重ねて、現在の鉄道ジオラマのもととなる観覧形式が完成した。

博物館の鉄道ジオラマは、それぞれの館ごとに趣向が凝らされた、鉄道模型の一ジャンルと言える。博物館ならではの鉄道模型の世界を楽しんでいただきたい。

（久保奈緒子）

当館に収蔵している三ツ矢明氏製作のライブスチーム。7両の内の2両を展示している。

本館2階にある鉄道ジオラマ

アメリカ陸軍第8軍司令官専用列車
「オクタゴニアン」テールマーク(複製)

お召し列車本務機用装飾品

『都名所別品鏡』初代京都駅が描かれた錦絵　長谷川貞信（二代）　1877（明治10）年頃

鷹取工場で製作された幻のSL「C63形蒸気機関車」の模型

鉄道省時代の火鉢

戦時中に機銃掃射を受けた弾痕レール（37キロレール、大阪市内で採集）

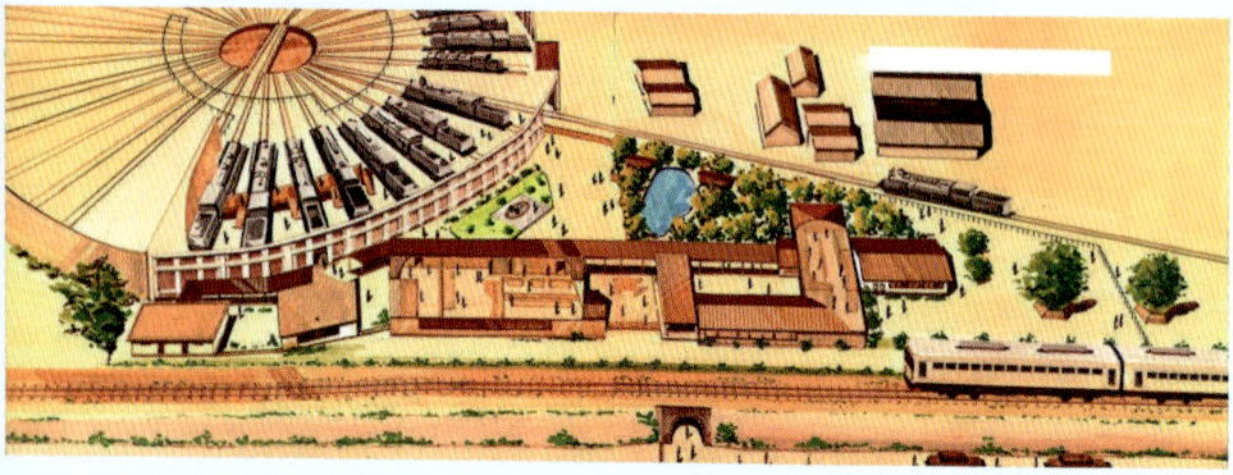
開館当時の梅小路蒸気機関車館（パンフレット掲載図）

キク象

アルバム

収蔵資料

二代目京都駅（京都　七條駅）の絵葉書

C11形蒸気機関車324号機のカットモデル

北陸新幹線グランクラス座席

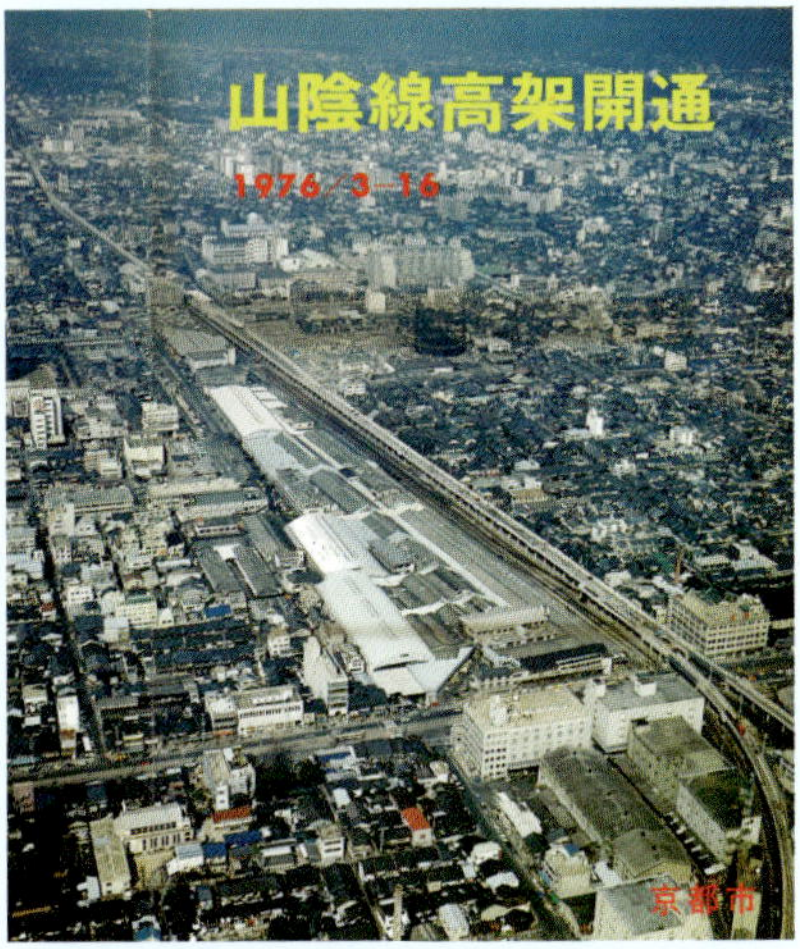

『山陰線高架開通』パンフレット
1976（昭和51）年

交通科学館時代の発行冊子『交通の宿題教室』　昭和40年代

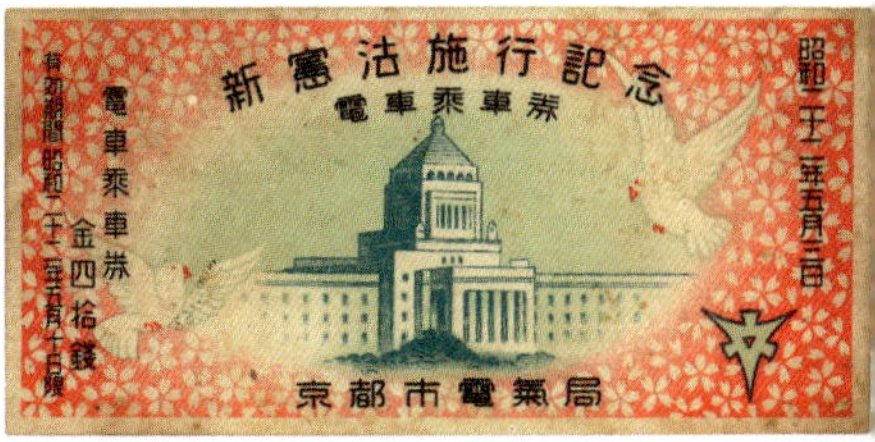

京都市電　新憲法施行記念電車乗車券　1947（昭和22）年

あとがき

当館は「地域と歩む鉄道文化拠点」を基本コンセプトに、京都の方々はもとより、日本全国、さらには海外の方も含め、全ての世代の方々が楽しみながら鉄道の歴史・技術・安全・文化などを学べる場の提供に取り組んでいます。また、地域の教育機関や周辺施設との連携を諮り、地域の活性化への貢献にも取り組んでいます。そして、我が国最大級の53両の鉄道車両を保存・展示し、本物の蒸気機関車が牽引するSLスチーム号の体験乗車、「見る」だけでなく「さわる」「体験する」も重視した数多くの展示、「鉄道おしごと体験」という鉄道の現場で働いているJR西日本社員による仕事の紹介、京都の街を一望でき、眼下にはJR線や新幹線が行き交うスカイテラスなど、多くの見どころがあります。これらを通して、「楽しかった」「感動した」「勉強になった」「また来たい」とおっしゃっていただき、鉄道に興味関心を持っていただけるよう。博物館の運営に励んでいます。本書は、これらの活動の一環として有意義な取り組みであったといえます。

さて、今回の連載では当館の運営を受託している博物館職員（公益財団法人交通文化振興財団職員）が各事項の執筆を担当し、書き上げてきました。それぞれの担当者が鉄道に関する膨大な関連事項のなかからテーマを選び、各自のスタイルで執筆しています。新聞の連載記事という限られた文字数の中で、いかに分かりやすく、また多くの情報を紹介できるかといったことに苦心しながらの執筆作業であったと聞いています。平素の博物館業務の傍らでの執筆作業を、各担当はよく頑張ってくれたと感じています。

最後に、本書を上梓するにあたってご尽力くださった京都新聞社の皆さまをはじめとし、連載をご担当してくださった同社の万代憲司氏や広瀬哲裕氏、京都新聞出版センターの岡本俊昭氏に記して感謝を申し上げます。

京都鉄道博物館 副館長

藤谷 哲男

公益財団法人交通文化振興財団
「交通資料調査センター」の活動

公益財団法人交通文化振興財団は、皆様からお寄せいただいた寄付金等を活用し、大阪の「交通資料調査センター」を拠点に交通の歴史や文化に関わる資料の収集・保存・調査等の活動を進めています。

○交通資料の収集・保存活動
○交通に関わる文化財の調査活動
○デジタルアーカイブによる
　所蔵資料の公開

―交通の歴史と文化を未来へ伝えるために―

交通の歴史に関わる資料を探しています

交通の歴史・文化に関わる資料や資料に関する情報をお寄せください

交通文化振興財団からのお願い

交通文化振興財団「交通資料調査センター」では、交通の歴史や文化に関わる文書類、写真、記念品、記録、文献等の資料類の散逸を防ぐため、それらの資料の収集・整理・保存を行っています。乗車券類や絵葉書、時刻表、パンフレット、乗物雑誌、古地図など皆様がお持ちの何気ない品々も、私どもにとっては大切な歴史資料となります。お手持ちの資料でご寄贈をお考え頂きます場合は、当財団までご連絡くださいますようお願いいたします。

資料のご寄贈をご検討頂けます場合は下記までご連絡ください。

公益財団法人交通文化振興財団　交通資料調査センター

TEL 06-6309-5113 | FAX 06-6309-5114 | http://www.kouhaku.or.jp/
平日（月～金）10：00～17：00

※土曜祝日・年末年始は休業となります。
※資料収集や調査で担当者が不在の場合もございます。あらかじめご了承ください。

◎本書の売り上げの一部は、公益財団法人交通文化振興財団に寄付します。「交通資料の収集・保存活動」「交通に関わる文化財の調査活動」「デジタルアーカイブによる所蔵資料の公開」等の他、法人の運営費用にも活用されます。

執筆一覧

（公益財団法人交通文化振興財団職員　五十音順）

飯田一紅子（学芸員）
上田　和季
岡本健一郎（学芸員）
加藤　沙織（司書）
久保奈緒子（学芸員）
久保　　都
島　　　崇（学芸員）
竹中　悠祐
遠山由希子（学芸員）
廣江　正幸（学芸員）
廣田　琢也（学芸員）
藤平　由夏（学芸員）
藤本　雅之（学芸員）
吉岡こずえ
吉田　和博（学芸員）

装丁・デザイン　木村有美子
写真撮影　木原貞男
写真提供　京都鉄道博物館

京都鉄道博物館　汽笛一声

発行日　2018年8月27日　初版発行　©2018
編者　京都鉄道博物館
発行者　前畑知之
発行所　京都新聞出版センター
〒604-8578　京都市中京区烏丸通夷川上ル
TEL075-241-6192　FAX075-222-1956
http://www.kyoto-pd.co.jp/book/

印刷・製本　双林株式会社
ISBN978-4-7638-0707-6　C0026
Printed in Japan